reflexología
y digitopuntura

Janet Wright

Asesoras:
B. K. Heather
y Sara Mokone

MENS SANA

Advertencia: La reflexología y la digitopuntura no deberían considerarse sustitutos del tratamiento médico profesional: hay que consultar a un médico todas las cuestiones relacionadas con la salud y especialmente en relación con aquellos síntomas que puedan requerir un diagnóstico o atención médica. Hay que tener cuidado durante el embarazo al utilizar los puntos de presión. Para más información, consultar las «Advertencias» que aparecen a lo largo del libro y las «Contraindicaciones» (véase pág. 80). Si bien la información y los consejos contenidos en este libro se estiman correctos, ni los autores ni el editor pueden aceptar responsabilidad legal alguna por cualquier daño experimentado al seguir alguna de las sugerencias del presente libro.

introducción

Hace un siglo, nadie hubiera previsto los espectaculares adelantos que se han producido en la medicina moderna a lo largo de las últimas décadas. Las ciencias médicas han encontrado una cura para la peste bubónica. Se ha erradicado la viruela, en un tiempo una enfermedad mortal, de la faz de la Tierra. En los países más desarrollados, la muerte de un bebé es una tragedia poco frecuente y suele ser impredecible. Con todo, en los albores del siglo XXI, han despertado mucho interés las terapias alternativas. ¿Por qué estamos buscando otras salidas cuando la medicina ortodoxa parece poseer la clave de todas nuestras enfermedades?

Una respuesta es que con cada innovación médica descubrimos una nueva amenaza para nuestra salud. Algunas están provocadas por los mismos fármacos que salvan vidas. Desde que han empezado a usarse por cualquier infección trivial los antibióticos, que en su momento detuvieron a las enfermedades más mortíferas de la historia, han evolucionado nuevas cepas de bacterias resistentes a ellos. Los efectos de los fármacos son como mínimo la sexta causa más común de muerte en Estados Unidos. Entre los pacientes de los hospitales, alrededor del 4 por ciento padece algún nuevo problema de salud como consecuencia de errores médicos, y un 14 por ciento de éstos resulta fatal. Se calcula que las cifras son similares en otros países industrializados.

Otras amenazas para la salud se deben a problemas de ámbito más amplio: el estrés de nuestra vida cotidiana, la contaminación atmosférica, la escasa calidad de los alimentos procesados, los pesticidas agrícolas y otras sustancias perjudiciales para el medio ambiente. No podemos culpar por ello a la medicina, pero tampoco podemos esperar que la medicina ortodoxa lo cure todo.

Estamos contemplando incluso el regreso de enfermedades mortales que creíamos haber controlado: la tuberculosis, en otro tiempo casi eliminada mediante eficaces tratamientos farmacológicos, forma parte de nuestra realidad debido al SIDA y al aumento de la pobreza.

¿Es de extrañar que muchas personas empiecen a tener la sensación de que están a merced de fuerzas que escapan a su control y quieran recuperar algún grado de poder de decisión sobre su vida y su salud buscando un camino diferente? Quizá lo hagan investigando las denominadas terapias alternativas. Entre las disponibles, muchas incluyen al menos un elemento de autoayuda, que hace sentir a la gente que puede decidir su destino hasta cierto punto.

En la actualidad, la terminología para tales prácticas ha variado. Mientras que el término «terapias alternativas» sugiere algo que se emplea en lugar de la medicina ortodoxa, ahora se piensa más en términos de «prácticas complementarias»,

EL ESQUELETO

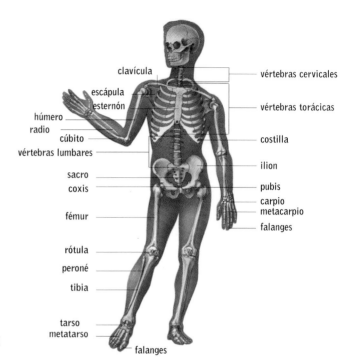

clavícula
escápula
esternón
húmero
radio
cúbito
vértebras lumbares
sacro
coxis
fémur
rótula
peroné
tibia
tarso
metatarso
falanges

vértebras cervicales
vértebras torácicas
costilla
ilion
pubis
carpio
metacarpio
falanges

EL SISTEMA ENDOCRINO

glándula pineal
glándula pituitaria

glándulas tiroides
y paratiroides

glándula timo

glándulas suprarrenales
páncreas

ovarios

LOS PRINCIPALES ÓRGANOS

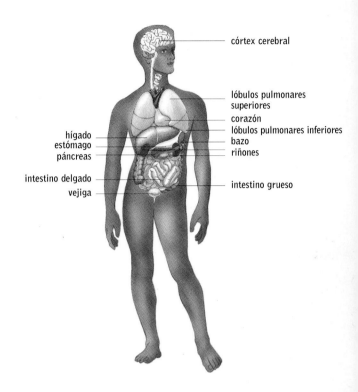

córtex cerebral

lóbulos pulmonares
superiores
corazón
lóbulos pulmonares inferiores
bazo
riñones

hígado
estómago
páncreas

intestino delgado
vejiga

intestino grueso

un concepto que incorpora la idea de algo adicional, que puede usarse en combinación con la medicina ortodoxa.

Un segundo significado es que esas prácticas «complementan» nuestros recursos corporales, aportando la ayuda adicional que el cuerpo puede necesitar en un momento dado.

Hoy tenemos la suerte de poder elegir hasta qué punto queremos que sean naturales los tratamientos para nuestras enfermedades. Aunque podemos tomar antibióticos en caso de una infección seria que no responde a nada más, también podemos, por ejemplo, tomar un remedio homeopático para aliviar el dolor de garganta. Las fracturas óseas tal vez necesiten vendajes e incluso cirugía, pero si sufrimos de lumbago podemos buscar la ayuda de un fisioterapeuta, quiropráctico u osteópata.

Cada vez se están empleando más las terapias suaves de autoayuda para curar dolencias menores o aliviar las molestias de los problemas crónicos. Y así, cuando la medicina ortodoxa fracasa, muchas personas están descubriendo los beneficios de otras terapias, como la reflexología y la digitopuntura, como ayuda para tratar sus problemas físicos y emocionales.

Arriba: Las ilustraciones de esta página se ofrecen como guía para emplear junto con las referencias anatómicas que se mencionan en el libro.

Tanto la reflexología como la digitopuntura son prácticas que trabajan sobre los puntos de presión, y son de interés para las personas que se inclinan por aprender técnicas de autoayuda. Son terapias prácticas, activas, con aplicaciones realistas en la vida cotidiana. La reflexología y la digitopuntura también tienen en común que ambas se basan en los centros de energía del cuerpo, un concepto que aún no ha sido reconocido por la mayor parte de los científicos occidentales, aunque es parte esencial de una tradición médica de alcance mundial.

Ahora que la fascinación por los fármacos milagrosos se ha visto empañada por la larga lista de efectos secundarios y reacciones adversas, en ocasiones letales, se está volviendo a tratamientos alternativos acreditados y totalmente fiables. Para muchas personas, las filosofías orientales –y las prácticas que han evolucionado a partir de ellas y de tradiciones similares– proponen este enfoque menos nocivo y más curativo de las enfermedades y de la conservación de la salud.

capítulo uno: conceptos básicos

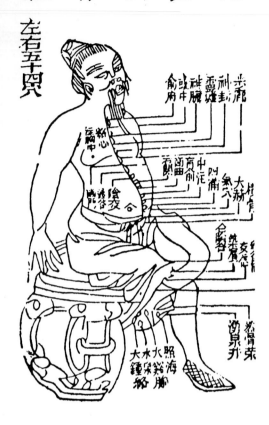

經腎陰少足

左右五十穴

Arriba: La teoría oriental de las líneas o meridianos que transportan el Qi por el cuerpo es la base de la digitopuntura. Aquí vemos los puntos de presión del meridiano de riñón.

TRATAMIENTO GLOBAL

La medicina ortodoxa identifica un invasor (una bacteria, un virus o un parásito) o una alteración interna del organismo (como el cáncer o la arteriosclerosis) y ataca a este «enemigo» con armas de gran potencia. Así, trata las distintas partes del cuerpo de forma aislada. Aunque los médicos ya reconocen la existencia de ciertos factores agravantes como el tabaquismo o una dieta rica en grasas, por lo general consideran las enfermedades como sucesos que se producen por una infección ocasional, y sus agresivas tácticas suelen derrotar al invasor con gran éxito. La medicina ortodoxa se basa en un conocimiento interior de la anatomía y de la fisiología, así como en observaciones de los efectos que producen los fármacos y la cirugía en las enfermedades.

Las prácticas terapéuticas orientales –y la reflexología, que procede de la misma tradición– adoptan un enfoque aparentemente menos agresivo. Creen que una enfermedad está causada por varios factores, incluyendo un problema interno que ha debilitado las defensas naturales del organismo, y tratan de curarla fortaleciendo el cuerpo, eliminando los obstáculos al bienestar y mejorando la circulación de la energía. Esto no significa que las prácticas terapéuticas orientales sean necesariamente suaves. La acupuntura puede ser tan invasiva como la cirugía menor; algunas mezclas de hierbas utilizadas en las terapias herbarias chinas tienen un sabor muy desagradable; ciertas formas de masaje oriental hacen sentir al paciente como si le perforaran los huesos con un taladro.

Sin embargo, todo ello está concebido para fortalecer y curar todo el ser (ya que a menudo incluye niveles no físicos como el espiritual y el emocional), en lugar de limitarse a identificar y a atacar determinados síntomas y molestias.

Los reflexólogos y los practicantes de medicina china trabajan también a partir de los síntomas, con el fin de conseguir que el paciente se sienta mejor mientras tratan el problema más profundo. Lo que no hacen es limitarse a actuar sobre los síntomas, ya que si sólo los suprimieran no erradicarían el problema. Si se eliminan continuamente los síntomas sin abordar el problema de raíz, la dolencia sigue empeorando, provocando efectos más graves y al final perjudicando a todo el organismo.

Del mismo modo, ningún médico de cabecera occidental
trataría los síntomas externos de una infección grave sin
recetar fármacos para erradicar la infección propiamente dicha.
No obstante, hasta fechas muy recientes, la medicina ortodoxa no
ha reconocido que las enfermedades pueden estar causadas por
agentes más sutiles que las bacterias, los virus y los parásitos.

CANALES DE ENERGÍA

El objetivo de la medicina oriental es trabajar con los puntos
fuertes y las preferencias del cuerpo y con su tendencia natural
a curarse. Se basa en una visión totalmente distinta a la
occidental: la creencia de que funcionamos con «energía vital».
Esta energía –llamada *prana* en la India, Chi o Qi (pronunciado
«chi») en China y Ki (pronunciado «qui») en Japón– se traslada a
todas las partes del cuerpo a través de un sistema de canales
llamados «meridianos», de un modo muy similar al del transporte
de la sangre y del corazón por las venas y arterias. Aplicando un
masaje sobre un punto de presión situado en la línea de un
meridiano –o bien insertando una aguja de acupuntura o
quemando hierbas de moxa sobre el punto apropiado–, se puede
influir en el movimiento del Qi. Trabajar sobre el lugar correcto
libera el Qi retenido, lo frena si se movía demasiado rápido o lo
dirige a una zona que antes omitía.

Hay una importante diferencia entre el sistema occidental
y el oriental: se puede disecar un cuerpo humano y mostrar las
venas y las arterias, pero jamás se podrán ver los meridianos
con el microscopio ni tomar una muestra de Qi para analizarlo.
Al igual que las emociones o el alma, nuestra fuerza vital existe
en un nivel que no podemos ver.

Aunque parezca un sistema fantasioso, en muchos lugares del
mundo se utilizan versiones de éste desde hace miles de años,
y los científicos que los estudian con métodos de investigación
modernos están descubriendo pruebas de que funcionan.

El sistema chino de los meridianos no es el único mapa del
cuerpo que difiere de nuestro modelo occidental. Los reflexólogos
trabajan con la suposición de que el cuerpo se divide en 10 zonas
verticales, empezando por la coronilla, que se ramifican y
terminan en los 10 dedos de las manos, mientras que las ramas
principales acaban en los dedos de los pies.

De acuerdo con este sistema, cada parte del cuerpo está
representada por un punto reflejo en el pie o en la mano. Otra
rama de la reflexología los encuentra representados en la oreja.
En esto no hay ninguna contradicción: los teóricos originales
identificaron puntos reflejos en diversas partes del cuerpo,
pero se concentraron en los que consideraron más potentes.

Al igual que los digitopuntores, los reflexólogos pretenden
ayudar a que la energía del cuerpo circule eficazmente sin
obstáculos, para evitar la pérdida de energía o retenciones.
Al corregir los desequilibrios, confían en estimular los procesos
curativos del organismo y, preferiblemente, impedir que se

Arriba: En este mapa del cuerpo de la antigua China se
muestran los puntos de presión del meridiano de corazón.

Abajo: Este diagrama de los puntos del pulso es
fundamental en la teoría de la diagnosis de los
practicantes de medicina tradicional china.

desarrollen las enfermedades. La reflexología ha demostrado su utilidad en patologías relacionadas con el estrés, como alergias, asma, insomnio, depresión, ansiedad y migraña; trastornos causados por la tensión muscular, como lumbago y fibrositis; y problemas femeninos como el síndrome premenstrual (SPM), y los problemas derivados del embarazo, del parto y de la menopausia. Por otra parte, alivia los síntomas del síndrome de fatiga crónica (SFC), la esclerosis múltiple e incluso el cáncer.

Algunos reflexólogos utilizan también el sistema de meridianos, además de las zonas. Creen que la reflexología actúa estimulando los seis meridianos que empiezan o acaban en los pies. Y aunque la reflexología moderna fue desarrollada por personas que no conocían el sistema chino, se observan similitudes sorprendentes. Por ejemplo, hay un poderoso punto en la base de la parte carnosa del pie, justo en el centro, que los reflexólogos llaman «punto del plexo solar». Es un importante punto reflejo para trabajar el estrés y reponer energías. Los digitopuntores lo conocen como «manantial burbujeante», el primer punto del meridiano de riñón, que transporta la energía con la que nacemos; este punto se usa para calmar la angustia y los mareos. En la tradición hindú, por cierto, es el chakra plexo solar, que equilibra todo el cuerpo.

MANTENER EL EQUILIBRIO

Para un practicante de medicina china también es importante el equilibrio de diversos elementos, en especial el yin y el yang, dos fuerzas opuestas que se complementan. El yin y el yang se describen a veces como energías masculina y femenina, pero se trata de una simplificación excesiva. Ambas coexisten en todos nosotros. La energía yin se relaciona con lo receptivo, calmado, fresco, interior, oscuro y suave. La energía yang es enérgica, activa, cálida, exterior, ligera, dura, etc. Un exceso de energía yin o yang es perjudicial para ambos sexos: necesitamos mantener un equilibrio entre las dos para crear un Qi sano y prevenir las enfermedades.

En este libro no entraremos en ese tipo de detalles. No obstante, aquí es relevante porque demuestra cuánto énfasis ponen los practicantes de medicina energética en mantener el equilibrio, algo de lo que intentan persuadirnos ahora los educadores sanitarios modernos.

Según esta perspectiva, la causa de las enfermedades es algún tipo de desequilibrio, o bien un problema con la energía en una zona concreta: demasiada, insuficiente o un obstáculo en su circulación.

MENTE Y CUERPO

Los médicos occidentales han empezado a abordar un fenómeno llamado «psiconeuroinmunología» (PNI), el efecto recíproco que tienen el cuerpo y la mente. Se trata de un vasto terreno de estudio, que contempla casos que pueden ser desconcertantes

Izquierda: Esta talla cincelada vietnamita del siglo XIX representa la perla del yin-yang custodiada por unos dragones imperiales.

Abajo: Este cuadro de la dinastía Song ilustra un tratamiento de moxibustión, un método que estimula los puntos de presión con hierbas.

para un occidental del siglo XXI. Nos han educado creyendo que nuestro cuerpo funciona como una máquina que a veces se avería y necesita reparación, pero al que no afectan las fuerzas externas, aparte de accidentes ocasionales o de un combustible equivocado. Aun así, los médicos de mentalidad abierta han aceptado que algunos casos no parecen encajar en este patrón.

El nuevo campo de la PNI está encontrando pruebas de que nuestras emociones desempeñan un papel vital en nuestra salud física. Esto no ha sorprendido a los reflexólogos. Como muchos profesionales de las prácticas complementarias, siempre han sido claros respecto al papel que las emociones desempeñan en curarnos o en perjudicarnos. Las depresiones y la ira son los problemas más conocidos, pero la balanza puede inclinarse por emociones de todo tipo.

Algunos de los efectos de la PNI son tan evidentes e inmediatos que resultan incuestionables. ¿Cuántas veces se ha preocupado usted tanto por un problema insoluble que ha acabado con una jaqueca atroz? Piense que si se enfada o altera mientras come, el corte de digestión resultante es probable que no le sorprenda en absoluto.

No es de extrañar que expresiones como «Mi jefe es como un dolor de muelas», o incluso «me enferma», sean casi literalmente ciertas. Ocurre lo mismo cuando uno siente «un peso en el corazón»; la angustia provoca exactamente ese síntoma. Una sensación de tirantez en el pecho es un síntoma común de ansiedad, que en ocasiones desemboca en dolores aterradores que mucha gente confunde con un infarto cardíaco, con el consiguiente susto.

En la actualidad, los investigadores empiezan a reconocer que reaccionamos a fuerzas que no encajan en el modelo mecánico. Hay estudios que revelan que nuestras reacciones viscerales pueden ser el origen de numerosas patologías. Por una parte, el desconsuelo puede provocar cáncer, y el riesgo de cáncer en las mujeres se duplica durante el año siguiente a una ruptura matrimonial; la frustración puede afectar al funcionamiento de nuestros intestinos, y la ira y la depresión incrementan el riesgo de cardiopatías.

Por otra parte, los investigadores también han descubierto que la risa refuerza el sistema inmunológico y que las personas que asisten a servicios religiosos tienden a vivir más años. Cuando alguien contrae una enfermedad que amenaza su vida, el amor es de lo que más puede ayudarle a curarse. Los enfermos que cuentan con el apoyo de un círculo íntimo de amigos y de familiares tienen más probabilidades de recuperarse, y no sólo porque alguien cuide de ellos: los resultados clínicos son mejores que en los enfermos atendidos por cuidadores profesionales.

Los reflexólogos creen que trabajar sobre estas zonas, a través de los pies o de las manos, ayuda a armonizar todos nuestros sistemas, mentales y emocionales además de físicos. Y como la reflexología tal como la conocemos se desarrolló

durante el siglo XX, reconoce el papel que desempeña ese «hombre del saco» moderno, el estrés.

EL ESTRÉS Y LA SALUD

Para la mayoría de nosotros, la vida es más complicada e incierta ahora que hace 20 o 30 años. Educados pensando que, en general, la vida mejora década a década, nos resulta difícil aceptar que el desempleo aumenta, los beneficios empresariales se reducen, las buenas perspectivas se esfuman y los servicios públicos cada vez están más cuestionados. La inseguridad y la indefensión se cuentan entre las principales causas de estrés, por lo que no es sorprendente que seamos tantos los que lo padecemos.

Si bien es importante abordar las causas del estrés, las prácticas activas de desplazamiento de la energía, como la reflexología o la digitopuntura, pueden contribuir en gran medida a mejorar sus síntomas y liberar más fuerzas para actuar sobre los problemas de fondo. El mismo acto de interrumpir lo que estaba haciendo para trabajar en sus propios puntos de presión –o recibir un tratamiento de alguien– puede ser calmante. También se cree que estas prácticas restablecen el flujo de la energía por el cuerpo donde estaba retenida debido a trastornos emocionales.

Un buen tratamiento puede ser profundamente relajante, permitiendo que la tensión se diluya por todo el cuerpo. Los músculos se aflojan y la sangre circula con más libertad, llevando nutrientes a todas las células del cuerpo. Los reflexólogos trabajan en puntos de presión específicos para contrarrestar el estrés y movilizar el sistema inmunológico del organismo contra sus efectos perjudiciales. Por añadidura, cualquier tipo de masaje puede aliviar el estrés. Las pasadas largas empleadas en reflexología son igualmente importantes, desde este punto de vista, como el trabajo sobre los puntos de presión.

LA VISIÓN DE CHINA

Los digitopuntores establecen una relación entre las emociones y las enfermedades físicas aún más directa que los reflexólogos. La teoría médica tradicional china sostiene que cada emoción está vinculada a uno de los principales órganos; la emoción puede afectar al funcionamiento del órgano y a su meridiano asociado.

El miedo, por ejemplo, afecta a los riñones y al meridiano de riñón. El término «miedo» engloba multitud de sentimientos desagradables, desde la timidez al acuciante problema de la inseguridad, común en las personas que han perdido la confianza en su capacidad de enfrentarse al mundo. La consecuencia puede ser lo que esperábamos del miedo: síntomas como palpitaciones, sequedad bucal y, en los niños, mojar la cama.

Sin embargo, como la medicina china los considera una consecuencia del agotamiento de la energía del riñón, trata el problema trabajando sobre ese meridiano, en lugar de recetar

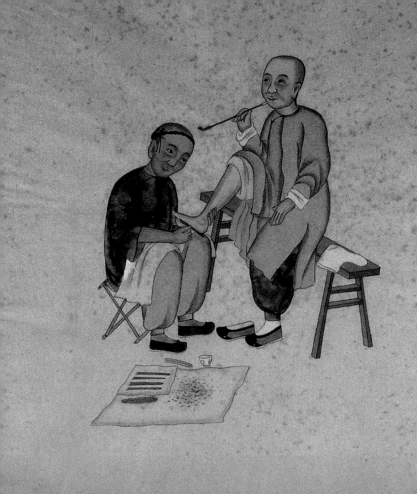

此中國修脚之圖也每日閒手持竹板名曰
用也對君作長街遊走竹板一响便知修脚的來
小如遇修脚之人二人對坐將脚擱在膝上
小刀割取脚上鷄眼取其行路平穩也

Arriba: Un grabado del siglo XIX que ilustra un masaje podal. Este tipo de masaje es habitual en China desde hace siglos.

fármacos para el corazón, o simplemente prohibiendo al enfermo beber antes de acostarse. Los practicantes con buena formación, orientales u occidentales, también recomiendan tratar las causas del miedo.

La angustia está relacionada con los pulmones y a través de ellos puede afectar al corazón. La preocupación también reduce la energía del pulmón y acaba provocando falta de aliento y una sensación constante de ansiedad. El exceso de trabajo somete a tensión el bazo, reduciendo su capacidad de mantener el aparato digestivo funcionando con la eficacia óptima. Los sustos y las conmociones causan una disminución brusca del Qi del corazón —con efectos directos sobre este órgano como palpitaciones—, pero también reduce la energía del riñón. La ira puede acumular un exceso de energía del hígado, que provoca jaquecas y mareos. La rabia prolongada (que puede adoptar la forma de resentimiento, frustración e incluso depresión persistentes, así como la más evidente irritabilidad) puede hacer que este exceso de energía del hígado interfiera con el trabajo de proteger el aparato digestivo que realiza el bazo.

Las emociones placenteras, como la felicidad, son buenas para el cuerpo y para la mente. Pero su exceso puede estimular demasiado el corazón, causando inquietud e insomnio. Una vez más, aparece la regla oriental de «moderación en todo».

La medicina energética forma parte de una rica

tradición que se ha desarrollado, con diversas

formas y en épocas distintas, en todo el mundo.

No tenemos manera de saber si los viajeros

llevaron el conocimiento y la práctica de la

medicina energética de una parte del mundo

a otra mucho antes de que se dejara constancia

documentada de tales movimientos. Sin embargo,

tampoco hay razón lógica alguna de por qué

distintas culturas no deberían poder desarrollar

por su cuenta ideas y prácticas similares.

capítulo dos: historia

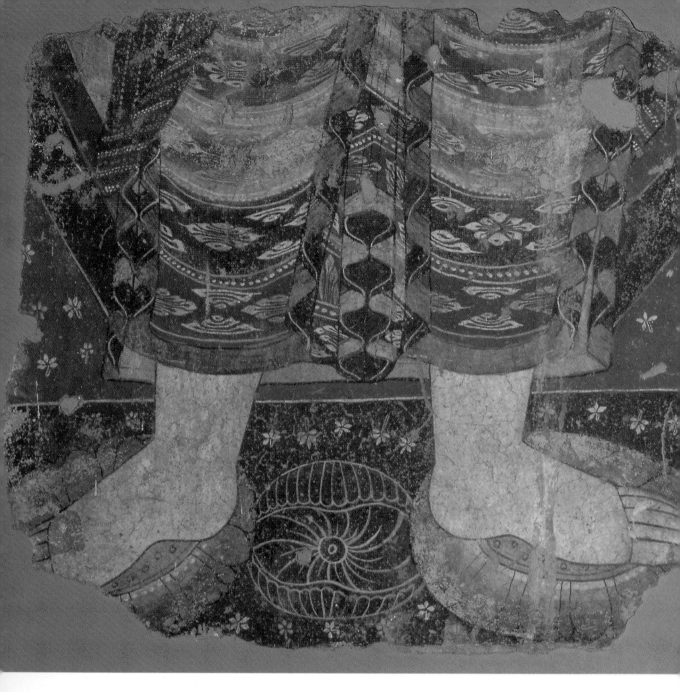

Arriba: **Fragmento de un mural hindú de Buda en el que se observan sus pies y su túnica. Se remonta a los siglos VII-VIII. Es posible que la reflexología tenga su origen en la India.**

LOS ORÍGENES

Motivados posiblemente por el instinto de aliviar el dolor, o bien por un hallazgo fortuito, nuestros antepasados descubrieron lo que parecía ser un tratamiento eficaz y lo reproducían cada vez que surgía un problema similar. Sin nuestro arsenal de fármacos y técnicas quirúrgicas, y antes de que la medicina fuera lo bastante especializada como para que alguien se dedicara a ella de forma exclusiva, nuestros antepasados tuvieron que crear métodos que pudieran usar en sí mismos. Careciendo de información detallada sobre los procesos fisiológicos del cuerpo, debieron basarse en observaciones sutiles.

La medicina tradicional hindú, el Ayurveda, incluye la movilización de las energías corporales. Las teorías médicas de la antigua Grecia (a partir de las cuales se desarrolló la medicina ortodoxa occidental) también incluían un sistema de energías corporales, aunque más tarde cayó en desuso.

La digitopuntura forma parte de la tradición china, que se ha desarrollado sin tregua a lo largo de un período de más de 3.000 años, por lo que hoy en día disponemos de mucha documentación.

Los pies y las manos, dos partes del cuerpo que trabajan duramente, han sido desde siempre zonas preferentes para los masajes. En su tratamiento hay un componente de cuidados afectivos, que indudablemente desempeñan un papel propio en el proceso de curación y del alivio del dolor. En la tradición cristiana, Jesús insiste en lavar los pies a sus apóstoles. Las imágenes y las referencias a masajes en los pies abundan en todo el mundo, aunque no tenemos manera de saber exactamente qué técnicas se utilizaban.

La referencia médica clara más antigua se sitúa en el antiguo Egipto hacia el año 2000 a. C. Un jeroglífico en una pared de la tumba del famoso médico Ankhahor muestra a unos médicos trabajando en las manos y en los pies de sus pacientes. El hecho de que se muestre al paciente diciendo: «No hagáis nada que duela» confirma que se trata de una técnica médica y no de un tratamiento de belleza o de un masaje relajante.

Los practicantes de una rama japonesa de la reflexología llamada *shokushinjutsu* creen que su terapia se empleó por primera vez en la India hace unos 5.000 años, fue llevada a China por monjes budistas algún tiempo después del siglo III a. C. y finalmente a Japón. La historiadora Christine Issel ha advertido que las pinturas tradicionales de los pies del dios hindú Vishnu están cubiertas de símbolos que coinciden con los puntos reflejos.

Antes de la llegada de los monjes budistas, los chinos utilizaban su propia forma de terapia podal. En el siglo IV a. C., un médico chino llamado Wang Wei solía insertar agujas de acupuntura en puntos relevantes del cuerpo de sus pacientes y a continuación ejercía una presión firme con el pulgar en las plantas de sus pies con el fin de liberar la energía curativa. El masaje podal y los métodos de diagnosis por medio de la observación de los pies fueron recopilados en China a lo largo de los siglos siguientes.

Se cree que los sanadores amerindios trabajaban con los pies de sus pacientes, y una forma de terapia zonal –utilizando presión en una parte del cuerpo para aliviar el dolor en otra– está documentada en Europa en el siglo XVI. No sabemos con exactitud cómo actuaban estas técnicas; no obstante, hacia el siglo XIX, los médicos británicos especializados en trastornos del sistema nervioso habían descubierto que, tocando puntos de presión en distintas partes del cuerpo, podían provocar insensibilidad e influir en el funcionamiento de los órganos internos. Al mismo tiempo, los médicos de Alemania, donde el masaje era más popular, descubrían que el masaje manual producía un alivio del dolor especialmente intenso.

Abajo: El conocimiento de las terapias orientales pudo llegar a Occidente a través de exploradores y descubridores como Marco Polo, que aquí se representa saliendo de Venecia.

La reflexología, tal y como la conocemos en la actualidad, se desarrolló a principios del siglo XX, cuando un médico estadounidense, el doctor William Fitzgerald, ideó un sistema de puntos de presión para usarlos como anestesia. Tras descubrir que los había por todo el cuerpo, desarrolló un sistema de zonas muy parecido al que utilizamos hoy en día y lo llamó «terapia zonal». Uno de sus colegas solía ofrecer asombrosas demostraciones donde probaba que podía clavar un alfiler en el rostro de alguien sin causarle dolor, tras presionar el punto correcto de la mano del voluntario.

En 1915, el doctor Fitzgerald publicó un artículo titulado «Para detener ese dolor de muelas, presiónese el dedo del pie» en la revista *Everybody's Magazine*, y en 1917 publicó su primer libro sobre el tema. Sin embargo, aunque la práctica fue adoptada por algunos médicos y odontólogos, los métodos de tratamiento del doctor Fitzgerald seguían siendo polémicos.

En la década de 1930, la fisioterapeuta Eunice Ingham descubrió que la mayoría de los puntos reflejos importantes estaba localizada en los pies, y con el tiempo realizó mapas de los pies que se siguen empleado hoy en día. Después se concentró en esa zona y llamó a su trabajo «reflexología», viajando por Estados Unidos para enseñarla a quien quisiera aprenderla. En la década de 1950, la reflexología fue acusada de supuestas prácticas fraudulentas, y varios practicantes estadounidenses fueron procesados por ejercer la medicina sin licencia, aunque finalmente quedaron absueltos.

En 1966, Doreen Bayley introdujo la reflexología en Gran Bretaña. El progresivo interés por las terapias alternativas la acercó a un público más amplio en la década de 1970, cuando Ann Gillanders fundó la Escuela Británica de Reflexología. Esta terapia se ha hecho tan popular que algunos médicos de cabecera recomiendan a sus pacientes que se sometan a tratamientos de reflexología a través del Servicio Nacional de Salud. En Dinamarca, la reflexología es la más popular de las terapias complementarias: alrededor del 9 por ciento de la población la ha probado.

ANTECEDENTES

Algunas de las pruebas más convincentes de los tratamientos energéticos es el papel que desempeñan en la medicina tradicional china, un método que está documentado y respaldado ampliamente por evidencias sólidas (véase pág. 29).

Si bien la digitopuntura se describe a menudo como un subproducto de la acupuntura, probablemente fue anterior. Alguien debió reparar en que la presión ejercida sobre determinados puntos del cuerpo aliviaba el dolor. Con el tiempo se descubrió que aplicando presión o calor en el lugar apropiado se influía en el funcionamiento de los órganos internos. Mientras que un trago de ron o de vino era la única anestesia que recibía un paciente en Occidente hasta el siglo XIX,

Abajo: El pie de un colosal Buda sedente en las orillas del río Yang-Tze de China. La reflexología y la digitopuntura tienen sus raíces en la medicina china antigua.

Arriba: Las inscripciones son evidentes en las plantas de los pies del Buda reclinado. Esta estatua fue erigida en Pegu, Myanmar (antes Birmania).

la digitopuntura fue uno de los primeros recursos empleados para aliviar el dolor, como anestesia.

A este proceso siguió el descubrimiento de que utilizar objetos puntiagudos tenía un efecto aún más acusado. Antes de que supieran trabajar el metal, los primeros acupuntores trataban los puntos de presión con piedras de formas distintas, huesos aguzados, astillas de bambú y fragmentos de cerámica. Hace unos 2.000 años, el príncipe Liu Sheng y su esposa fueron enterrados junto con sus tesoros, que incluían un juego de agujas de acupuntura de oro y plata. En la época en la que se escribió el *Canon de medicina interna*, el último milenio antes de Cristo, se utilizaban nueve tipos de agujas, que iban desde las finas como un cabello hasta un utensilio romo para ejercer presión u otro con la punta en forma de huevo para aplicar masajes a los puntos de presión. Los libros de la época también hacen referencia al sistema de meridianos y a la moxibustión, un método que calienta los puntos de presión con hierbas ardiendo.

La acupuntura y la digitopuntura constituyen sólo una rama de la medicina tradicional china. Las otras son la fitoterapia, el masaje, la terapia alimentaria y los ejercicios que desplazan la energía, como el Qi Gong (o *chi kung*). Todas ellas pueden colaborar y complementarse. No obstante, cada una es eficaz por sí misma y todas trabajan con energía, además de con factores físicos.

Las referencias más antiguas que se conservan de la medicina china tienen unos 3.000 años y constan de fórmulas herbarias y documentación de los efectos del clima en la salud. Hacia el siglo IV a. C. ya se habían establecido los métodos habituales de diagnosis, que incluían escuchar al paciente. Sin embargo, la obra mejor conservada y más famosa es el *Nei Jing*, el *Canon de medicina interna*, conocido también como *Canon de medicina interna del Emperador Amarillo*. Atribuido al mítico primer emperador de China, en realidad fue recopilado por varios eruditos poco antes del siglo III a. C., con distintas anotaciones añadidas a lo largo de los siguientes siglos. Hacia el año 220 d. C., este exhaustivo volumen comprendía todo lo que entonces se sabía sobre la salud y la medicina.

Junto con otras obras chinas del mismo período, el *Nei Jing* recalcaba la importancia de la higiene, de la buena alimentación y de un estilo de vida equilibrado. Se recomendaba moderación en todo: alimentación, trabajo, estudio y sueño. El aire puro se consideraba vital para adultos y niños, así como un suministro de agua potable, ideas que no cuajaron en Occidente hasta el siglo XIX. (En el siglo XII, unos 700 años antes de que se lograra convencer a los médicos occidentales para que se lavasen las manos después de diseccionar cadáveres y antes de asistir a los partos, el *Nuevo libro de cuidados infantiles* chino insistía en que se esterilizaran las tijeras al fuego antes de cortar el cordón umbilical.)

En el núcleo de la filosofía médica revelada por estos textos antiguos destacaba la importancia de mantener en equilibrio las energías del cuerpo.

«Todo tipo de enfermedades pueden producirse cuando uno se expone demasiado al viento, a la lluvia, al frío o al calor; también cuando hay un desequilibrio entre el yin y el yang; o entre la dicha o la ira extremas, con una dieta desordenada, condiciones de vida indeseables o en un estado de miedo o terror», señalaba el *Canon de medicina interna*. En aquel tiempo, era una batalla convencer a la población de que las enfermedades estaban causadas por estos factores previsibles, en lugar de por dioses vengativos. El libro comenta, con bastante insistencia: «No sirve de nada hablar de principios médicos con personas que creen en fantasmas y en espíritus; tampoco hay forma de discutir técnicas médicas con personas que se oponen a la acupuntura, a la cirugía y a las sustancias medicinales».

En los siglos II y III d. C. se idearon ejercicios que más tarde evolucionaron hasta convertirse en el Tai Chi. Basados en los movimientos de cinco animales —tigre, ciervo, oso, mono y ave—, los ejercicios fueron concebidos para promover una constitución sana desplazando energías y manteniendo el cuerpo fuerte y elástico.

El sistema se fue haciendo cada vez más complejo con el paso de los siglos, pero los principales elementos ya se ponían en

Arriba: **El dios hindú Vishnu se suele representar con símbolos en los pies que se corresponden con los puntos reflejos.**

práctica desde el inicio. Aunque las enfermedades se trataban con un impresionante arsenal de hierbas y técnicas quirúrgicas, el principal papel de la medicina era preventivo.

Como advertía el autor del *Canon de medicina interna* a sus lectores: «Un médico sabio no cura una enfermedad, sino que evita las enfermedades. Un estadista sabio nunca trae la paz a su país, sino que mantiene su país en paz. Si el médico espera a que la enfermedad se desarrolle para tratarla, o un estadista que gobierna su país espera hasta que haya turbulencias, será demasiado tarde. Esto equivale a excavar un pozo cuando ya se tiene sed, o a forjar armas cuando la guerra ya ha empezado».

El entusiasmo por el conocimiento en China no se reflejaba en los viajes, de modo que nadie llevó los descubrimientos chinos al resto del mundo. Sin embargo, como China fue un centro cultural durante miles de años, los visitantes de los países vecinos regresaban con la filosofía a su país, donde evolucionaba con formas locales. Los eruditos japoneses, inmersos en la cultura china, aprendieron el sistema médico chino y desarrollaron su propia versión de la digitopuntura, que se conoce como Shiatsu.

El descubridor veneciano Marco Polo escribió con admiración sobre el sistema de salud chino en el siglo XII, pero sin detalles útiles. Noticias distorsionadas de la acupuntura llegaron a Occidente a través de un empleado de la Compañía Holandesa de las Indias Orientales en el siglo XVII. Por desgracia, confundió los meridianos representados en los diagramas médicos tradicionales chinos con venas y arterias, lo cual debió desconcertar a sus seguidores. Un médico holandés escribió un tratado de acupuntura en 1883, pero la información sobre la medicina china no estuvo al alcance del público en Europa hasta siglo XX.

La mayor parte de la teoría médica china es perfectamente razonable para la mentalidad occidental moderna. La insistencia en la moderación, en los alimentos integrales y en la higiene (para los médicos tanto como para los pacientes) seguía estando muy adelantada a la práctica médica occidental hasta hace poco menos de un siglo.

Los remedios a base de hierbas no resultan demasiado extraños a alguien acostumbrado a los fármacos modernos, sobre todo porque la fitoterapia se practicaba en Europa hasta hace pocos siglos y ahora disfruta de un popular resurgimiento. Los beneficios de la fitoterapia china han empezado recientemente a ser aceptados en publicaciones internacionales después de ensayos doble ciego con grupo de control con placebo, y su eficacia se registró en un informe del *British Medical Journal* en 1997 (véase pág. 29).

Por lo que respecta al sistema de meridianos, se han obtenido suficientes evidencias que compensan el escepticismo del pensamiento occidental.

Abajo: El faraón Ptahhotep II recibe un masaje de sus sirvientes en los pies y en las manos, en este relieve fechado en 2350 a. C. Algunos de los documentos más antiguos sobre tratamiento médico proceden del antiguo Egipto.

Por ser terapias activas que no recurren a los fármacos, la reflexología y la digitopuntura son ideales como forma de autoayuda. Se prestan a aliviar las dolencias crónicas y las crisis agudas y son adecuadas como respaldo complementario de un tratamiento médico ortodoxo o como primeros auxilios cuando es relevante. Con la reflexología y la digitopuntura también se puede tratar a amigos y a familiares. Dos grupos de personas que pueden beneficiarse particularmente de estas técnicas son los niños y los ancianos.

capítulo tres: relevancia actual

LOS NIÑOS

Los niños reaccionan enseguida a estos tratamientos suaves. Ningún padre quiere llevar a su hijo al médico continuamente por dolencias menores, arriesgándose a que éste contraiga nuevas infecciones en la sala de espera y volver a casa con una lista de medicamentos. (En cualquier caso, los médicos han descubierto que algunas dolencias infantiles, por ejemplo las infecciones de oído, tienden a remitir con la misma rapidez sin antibióticos que con ellos, y los antibióticos no tienen efecto alguno en la mayoría de los dolores de garganta, puesto que raramente están causados por bacterias.) Aun así, para hacer justicia a los médicos, normalmente sobrecargados de trabajo, hay que decir que no son partidarios de recetar fármacos, en especial a los niños. No obstante, disponen de poco tiempo que dedicar a cada paciente y, con frecuencia, los padres consideran que su hijo no ha recibido el tratamiento adecuado si se marchan sin una receta.

Los niños pequeños responden especialmente bien a la reflexología y a la digitopuntura porque aún no han aprendido que a muchas personas les altera profundamente que les toquen, fruto de un sesgo cultural. Cualquiera que viaje con regularidad observará que en muchos países los adultos de ambos sexos mantienen una relación más táctil: se tocan mutuamente mientras hablan, rodean con el brazo a los amigos o se hacen arrumacos en el autobús. En esto los raros somos nosotros. Como mantenemos tan poco contacto físico, tendemos a asociar el contacto con la violencia o con el sexo, una aterradora y el otro inadecuado excepto en la intimidad.

Por su parte, los niños siguen siendo ciudadanos del mundo. Aún no han aprendido a sentirse incómodos con el contacto físico. Todavía a gusto con su cuerpo, es probable que no pongan reparos a un contacto tranquilizador, que no hace daño y puede serles positivo. El masaje a niños y a bebés se practica en muchas partes del mundo para potenciar su salud y su bienestar en general. Con un niño lo bastante pequeño para caer rendido en brazos de un adulto, la combinación de un tratamiento en los puntos de presión y pasadas largas de masaje calmantes quizá sea lo único necesario. Los niños mayores pueden aprender algunas de las técnicas por sí solos. No necesitan comprender la teoría; les fascina descubrir cómo están relacionadas las distintas partes del cuerpo humano.

Pero, recuerde, no dude en llevar a sus hijos al médico si están enfermos, sobre todo si tienen fiebre alta o dolor de cabeza y el cuello rígido (que en raras pero importantes ocasiones puede ser un signo de meningitis).

LOS ANCIANOS

Para los ancianos, la reflexología y la digitopuntura proporcionan dos importantes beneficios, además de sus efectos terapéuticos. Nuestra sociedad demuestra poco respeto por la vejez.

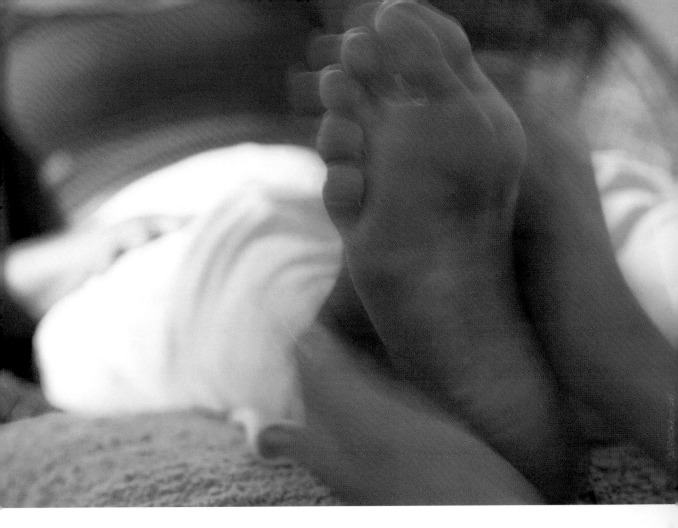

Los jubilados oyen a los políticos preocuparse por el coste de las pensiones y ven cómo las prestaciones sociales que ellos precisan no son suficientes. Las virtudes de la frugalidad y la honestidad en las que su generación fue educada son ahora menospreciadas, y sus valores de cooperación, forjados en tiempos difíciles, se consideran anticuados. En muchas culturas, su experiencia se valora en grado sumo, pero en Occidente parecen perder su valor en cuanto los mayores se jubilan.

Que alguien se tome el tiempo de administrarles un tratamiento recuerda a los ancianos que sí son valorados. La digitopuntura y la reflexología son técnicas ideales también para que las aprenda una persona menos activa. Puede hacerlo cualquiera cuyas manos no estén afectadas por la artritis o la diabetes. Tanto recibir un tratamiento como poseer una habilidad que ofrecer a los demás proporciona un estímulo psicológico natural.

Si bien muchos ancianos no se sienten cómodos con un masaje completo, pueden disfrutar de los beneficios terapéuticos de ciertas técnicas de reflexología y de digitopuntura. Los tratamientos en las manos, en el rostro y en los hombros quizá sean los más placenteros. Sin embargo, cuando se administra un tratamiento hay que tener presente que la piel de los ancianos es más frágil y sus huesos más quebradizos, por lo que hay que evitar movimientos que puedan causarles dolor o lesiones.

Las personas que padecen diabetes –que puede desarrollarse con el envejecimiento– necesitan cuidados especiales en los pies, porque su circulación es cada vez menos eficaz. Por eso, en el cuidado de un pariente diabético se puede incluir alguna forma de reflexología muy suave en los pies como parte de la rutina asistencial. Hay que concentrarse en las pasadas calmantes y recordar que la piel puede estar ligeramente insensible, por lo que no se puede contar con que un gemido de dolor advierta de que la presión es demasiado fuerte.

APRENDER LAS TÉCNICAS

Cualquiera puede aprender y utilizar técnicas de autoayuda como la digitopuntura y la reflexología. Depende de lo lejos que se quiera llegar. Este libro ofrece un tratamiento reflexológico completo y la suficiente información sobre digitopuntura para tratar los problemas cotidianos. Se puede ir más allá y apuntarse a un curso para mejorar las habilidades y garantizar que todos los movimientos sean correctos; ningún libro puede enseñar estas técnicas tan bien como un instructor cualificado.

Recibir tratamientos profesionales también es una buena manera de emplear el dinero. Aunque se puede elegir entre la reflexología y la digitopuntura para obtener un alivio de los síntomas, ambas son terapias holísticas; lo que en realidad hacen es equilibrar bien el sistema entero. Quizá descubra que los problemas que se estaba tratando tenían otros aspectos en los que no había pensado y un profesional los identificará en el acto. Muchos practicantes se alegran de ofrecer orientación de autoayuda en ejercicios de mantenimiento para practicarlos entre una sesión y la siguiente.

Para encontrar a un practicante cualificado, consulte a su médico de cabecera, pregunte a sus amigos si pueden recomendarle a alguien, o bien infórmese en una organización acreditada. Cuando se ponga en contacto con un practicante, antes de concertar una cita, pregúntele cuánto cobra y si espera que usted se someta a una serie de tratamientos. Algunos acupuntores practican también la digitopuntura, pero si usted piensa en solicitar un tratamiento de acupuntura, es especialmente importante asegurarse de que el practicante está cualificado y utiliza agujas estériles.

¿OBRA MILAGROS?

Al recurrir a terapias complementarias, estamos asumiendo la responsabilidad de nuestro propio bienestar. Eso no significa que vayamos a rechazar un medicamento o una intervención quirúrgica que puedan salvarnos la vida, o siquiera un analgésico para aplacar una jaqueca intratable. Significa que nos estamos liberando de la idea de que la enfermedad es algo que ocurre por casualidad y se cura con la receta de un médico.

Asumir la responsabilidad de nuestra salud incluye escuchar lo que dicen los médicos; ellos dedican mucho tiempo a su trabajo. Sean cuales sean sus sentimientos particulares por algunos de los fármacos que recetan, ellos son los expertos en hacer diagnósticos. Recuerde también que las terapias como la reflexología y la digitopuntura trabajan de forma paralela a los tratamientos médicos ortodoxos y pueden potenciar sus efectos. Su aplicación no es mutuamente excluyente.

Asumir esta responsabilidad incluye además dar los pasos necesarios para mejorar nuestra salud de otras maneras. Ni que decir tiene que fumar es perjudicial para la salud en general, y no sólo para el corazón y los pulmones. Por supuesto, consumir alcohol en exceso también lo es.

También se puede uno volver adicto a la cafeína, procedente de refrescos de cola y no sólo del café o del té. Una dieta equilibrada debe incluir los mínimos alimentos procesados posibles; en su mayoría debe ser un surtido de cereales (incluyendo pan), frutas y hortalizas frescas con alimentos proteínicos como pescado, carne, productos lácteos o vegetarianos como tofu o *quorn*. Los alimentos procesados suelen tener una elevada concentración de la forma de grasa más perjudicial y baja de los ingredientes nutritivos necesarios. Están bien como tentempié o algo esporádico, pero no deben constituir la base de nuestra dieta.

En la actualidad, sólo una pequeña parte de la población hace una cantidad de ejercicio recomendable en el transcurso de sus actividades diarias. Al menos tres veces a la semana es necesario dedicar media hora a hacer ejercicio, lo suficiente para que el ritmo cardíaco aumente hasta hacerle jadear ligeramente pero aún sea capaz de hablar sin perder el resuello.

Nuestras actitudes y perspectivas también desempeñan un papel vital en la conservación de la salud. Si usted cae en los hábitos del rencor, del arrepentimiento, de la envidia, de los celos o del desaliento (pues se trata de hábitos), se dejará arrastrar hacia la depresión y la apatía, que con el tiempo pueden socavar el sistema inmunológico y propiciar enfermedades físicas.

Asumir la responsabilidad sobre nosotros mismos es fortalecedor, aunque es importante no perder de vista la realidad y no esperar que obre milagros. Los profesionales de las prácticas complementarias no poseen poderes sobrenaturales, y nosotros tampoco. Lo que sí tenemos es una posibilidad de tomar decisiones sanas, adoptar una actitud enriquecedora y proporcionarnos una mayor calidad de vida. En el ámbito cotidiano podemos introducir cambios significativos en nuestra salud y en nuestro bienestar. El esfuerzo merece la pena, porque nosotros nos lo merecemos.

LO QUE DICEN LOS CIENTÍFICOS

Todos los practicantes tienen anécdotas que contar sobre los asombrosos efectos de la reflexología y de la digitopuntura. Estos relatos personales son valiosas indicaciones de sus beneficios. Sin embargo, los científicos, no sin razón, prefieren obtener resultados con experimentos estandarizados que puedan compararse con otras pruebas similares.

Las más convincentes de esas pruebas son los ensayos con grupo de control con placebo, en las que los voluntarios aceptan tomar, por ejemplo, una tableta cada día, sin saber si se trata de un medicamento o de un placebo, una inocua píldora azucarada sin efectos medicinales. Los investigadores comparan los resultados de ambos grupos, los que han tomado el fármaco y los que han tomado el placebo. De este modo pueden evaluar los verdaderos efectos del medicamento en el primer grupo de voluntarios y cualquier mejora en los que han tomado el placebo. Las mejoras en este último grupo pueden deberse a los procesos curativos naturales del organismo, por ejemplo, o a que participar en el ensayo les ha dado un útil estímulo psicológico.

El más valorado de todos es el ensayo doble ciego con grupo de control con placebo, en el que incluso las personas que administran las píldoras ignoran quién toma un placebo y quién toma el fármaco; para así no poder influir sin querer en el paciente de ninguna manera.

Cuando los científicos se quejan de que existen pocas pruebas sólidas a favor de las prácticas complementarias, quieren decir que pocas se han puesto a prueba en ensayos doble ciego con grupo de control con placebo. No obstante, tales experimentos se concibieron para comprobar la eficacia de los medicamentos. En muchos casos, simplemente no son adecuados para las prácticas complementarias. El argumento que esgrimen muchos profesionales de estas prácticas es que sus técnicas están diseñadas específicamente para los individuos y no constan de procedimientos estandarizados. También se preguntan si tiene importancia que algunos beneficios experimentados por sus pacientes se deban al tratamiento asistencial y a la confianza del paciente en el terapeuta, dos aspectos que forman parte del proceso curativo. Por lo tanto, no tienen interés en participar en estudios que consideran inadecuados.

Ya se acepta que la mente tiene potentes efectos sobre el cuerpo, por lo que algunos de los beneficios físicos de la medicina ortodoxa y de la complementaria es probable que tengan su origen en el valor psicológico de ser atendido en un momento de necesidad. En el caso de la medicina complementaria, las energías del practicante pueden influir también en los resultados de cualquier terapia que implique el desplazamiento de energía. Debido a esto, es difícil desenmascarar un tratamiento fraudulento comparándolo con uno auténtico, puesto que el falso es casi seguro que hará algún bien.

SOMETIÉNDOLA A PRUEBA

A pesar de los obstáculos a la investigación científica, las terapias basadas en el desplazamiento de energía se han descubierto y demostrado eficaces. Se sabe que la reflexología –como todas las formas de masaje– mejora la circulación sanguínea y linfática, es decir, que propicia el fluido que transporta las toxinas para expulsarlas del organismo. Sin embargo, en experimentos recientes se han obtenido resultados que no pueden atribuirse sólo a la mejoría de la circulación.

Por ejemplo, unos investigadores chinos hicieron un estudio con dos grupos de pacientes diabéticos. Todos ellos siguieron tomando su medicación usual, pero un grupo fue tratado también con reflexología. El resultado fue que en este último grupo los niveles de azúcar en sangre se estabilizaron más que entre los sujetos del primer grupo.

En otro estudio, el reflexólogo estadounidense Bill Flocco convenció a 52 mujeres que padecían el síndrome premenstrual para que llevaran un diario de sus síntomas durante seis meses. Parte de este grupo recibió reflexología durante este período y el resto recibió lo que se les dijo que era reflexología pero que en realidad era una simple presión en partes irrelevantes de los pies. El primer grupo registró casi el doble de alivio de los trastornos psicológicos del síndrome premenstrual que el segundo grupo, y una mejoría casi tres veces mayor en los síntomas físicos.

La veterana profesora Deborah Bottin, del Centro de Educación de Enfermería de la Universidad de Glamorgan, revisó docenas de estudios de reflexología y encontró algunos que, pese a todas las dificultades, parecían cumplir los criterios para un ensayo bien dirigido. En uno de ellos, a los voluntarios con lumbalgia se les administró reflexología real o falsa mientras continuaban con su medicación y fisioterapia habituales. Los que recibieron el tratamiento verdadero sentían mucho menos dolor y más movilidad, hasta el punto de que muchos fueron capaces de prescindir de los analgésicos que habían estado tomando hasta entonces. No obstante, como señala Botting en su artículo «Revisión de la literatura médica sobre la efectividad de la reflexología» publicado en la revista *Terapias complementarias en enfermería y obstetricia* (N.º 3, 1997), es necesario realizar más investigaciones y divulgarlas mucho más.

No hay escasez de estudios sobre la medicina tradicional china, y los investigadores occidentales se han sorprendido al descubrir que resiste un escrutinio científico. Los remedios a base de hierbas son los más fáciles de verificar mediante ensayos doble ciego con grupo de control con placebo, ya que se administran del mismo modo que la medicación ortodoxa.

La revista *British Journal of Dermatology* informa de que los dermatólogos del Hospital Infantil Great Ormond Street empleaban un remedio chino para el eccema y descubrieron que la piel de la mayoría de los niños del ensayo mejoraba en un 60 por ciento. Muchos de los demás niños mejoraron cuando el remedio se dosificó para adaptarlo a sus condiciones personales. Los investigadores japoneses descubrieron que una fórmula herbaria reducía significativamente las posibilidades de que los pacientes diagnosticados de cirrosis desarrollaran posteriormente un cáncer de hígado. En la actualidad, en Estados Unidos se están desarrollando tres nuevos fármacos a partir de hierbas chinas para combatir la malaria, el mal de Alzheimer y el virus de la inmunodeficiencia humana (VIH), causante del SIDA.

Los investigadores han comprobado que los practicantes de la medicina ortodoxa reconocen los efectos de muchos remedios chinos, a pesar de que partan de conceptos totalmente distintos. Los remedios para «eliminar toxinas» tienen un efecto antivírico o antibacteriano; los utilizados para «reducir el calor» reducen verdaderamente la fiebre y la inflamación; los «tónicos» estimulan el sistema inmunológico, mientras que otros remedios destinados a tratar la «retención» mejoran realmente la circulación y tienen un efecto anticoagulante.

Del mismo modo, los investigadores han comprobado que presionando los puntos relevantes del cuerpo se alivia el dolor de forma eficaz y se mejora la circulación sanguínea. Por supuesto, explican los resultados de forma diferente. Por ejemplo, han descubierto que la piel que cubre los puntos de digitopuntura tiene una conductividad eléctrica mayor que la piel del área circundante. La estimulación de estos puntos provoca que el cerebro libere las sustancias químicas naturales que alivian el dolor, llamadas endorfinas. Presionando en el punto de digitopuntura se alivia la tensión en los músculos circundantes, lo que permite que los vasos sanguíneos contraídos se dilaten y en consecuencia funcionen mejor.

Aunque se han realizado muchas más investigaciones sobre acupuntura (que ahora está ampliamente aceptada entre los médicos), la digitopuntura también ha dejado su huella en los estudios científicos. El punto de presión conocido como PC 6 es probablemente el más famoso y el que se estudia con más frecuencia, habiendo demostrado su capacidad de evitar las náuseas debidas a diversas causas.

La digitopuntura ocupa un espacio muy relevante en el alivio de las náuseas durante el embarazo o debidas a fármacos, ya que las embarazadas deben intentar no tomar medicamentos, y aunque los fármacos antieméticos permitan controlar los vómitos, no alivian demasiado la horrible sensación de las náuseas.

Otros estudios publicados en revistas de prestigio ensalzan los beneficios de la digitopuntura para el cuidado de los enfermos crónicos y de los animales. Se ha demostrado que puede tratar la parálisis infantil, las cardiopatías y las dolencias respiratorias, incluyendo el asma. También es famosa por aliviar el dolor, más comúnmente las jaquecas, los dolores musculares, la angina de pecho, el lumbago y los dolores del parto.

Los reflexólogos consideran que todas las partes

del cuerpo están conectadas por una energía sutil

que circula por todo el cuerpo, desde la cabeza a

los pies, a lo largo de 10 zonas (llamadas también

«canales» o «vasos»). Cuando existe una

enfermedad o molestia, los canales se bloquean

y el flujo de energía se altera. Trabajando sobre las

manos y/o sobre los pies se desbloquean los canales,

se permite que la energía fluya y así se restablece

el equilibrio, lo cual relaja el cuerpo, mejora la

circulación y alivia los síntomas desagradables.

El alivio puede ser casi inmediato, pero las

patologías de larga duración pueden tardar más

en sanar, ya que con estos métodos, la curación

empieza en un nivel profundo. Los reflexólogos

creen que el cuerpo se cura solo del interior al

exterior. Si el tratamiento médico elimina los

síntomas, éstos pueden regresar brevemente en el

orden en que fueron eliminados, razón por la cual

los síntomas pueden empeorar por un tiempo

después de las primeras sesiones de tratamiento.

capítulo cuatro: reflexología

mapas del pie

Los pies tienen unas estructuras extraordinarias. Cada pie está constituido por 26 huesos (entre los dos pies poseen una cuarta parte de los huesos de nuestro cuerpo), más 7.200 terminaciones nerviosas y 107 ligamentos. Todas estas estructuras permiten desarrollar una gran fuerza y una gama excepcional de movimientos.

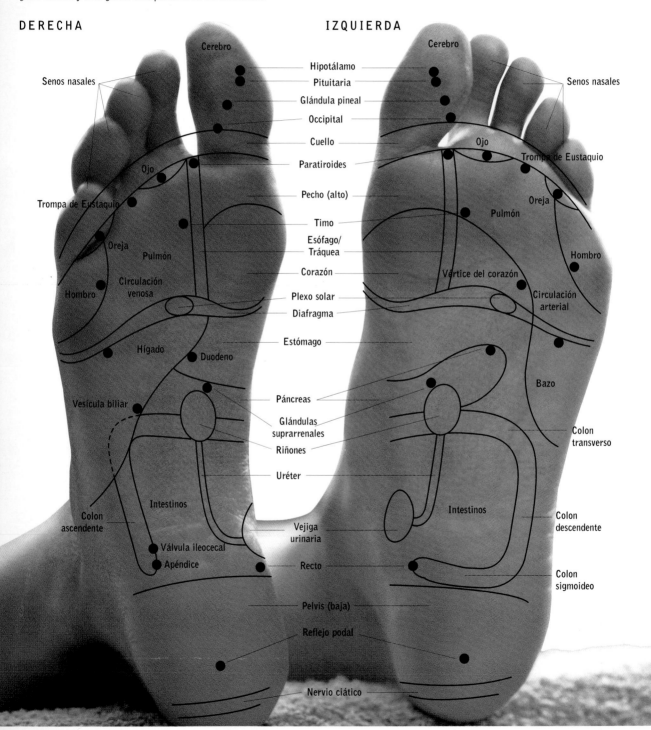

DERECHA   **IZQUIERDA**

Cerebro — Cerebro
Senos nasales — Hipotálamo — Senos nasales
Pituitaria
Glándula pineal
Occipital
Cuello
Ojo — Ojo — Trompa de Eustaquio
Paratiroides
Trompa de Eustaquio — Pecho (alto) — Oreja
Timo — Pulmón
Oreja — Esófago/ — Hombro
Pulmón — Tráquea
Circulación — Corazón — Vértice del corazón
venosa — Plexo solar — Circulación
Hombro — Diafragma — arterial
Estómago
Hígado — Bazo
Duodeno
Vesícula biliar — Páncreas — Colon
Glándulas — transverso
suprarrenales
Riñones
Uréter
Intestinos — Intestinos — Colon
Colon — descendente
ascendente — Vejiga
Válvula ileocecal — urinaria
Apéndice — Recto — Colon
sigmoideo
Pelvis (baja)
Reflejo podal

Nervio ciático

A pesar de soportar todo el peso corporal, nuestros pies se cuentan entre las partes más sensibles de nuestro cuerpo. Por esta razón, los pies son el mejor lugar donde aplicar los tratamientos de reflexología. Nuestras manos, que tratamos con mucho más respeto, son en realidad mucho menos sensibles que nuestros pies.

Abajo e izquierda: **Adviértase que** algunos órganos tienen puntos reflejos particularmente poderosos dentro de su área general.

IZQUIERDA

DERECHA

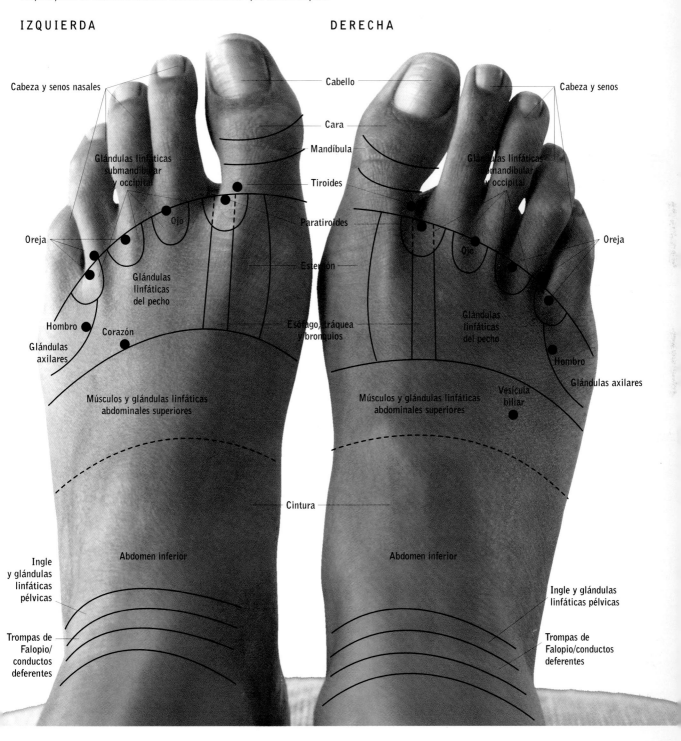

- Cabeza y senos nasales
- Cabello
- Cabeza y senos
- Cara
- Mandíbula
- Glándulas linfáticas submandibular y occipital
- Tiroides
- Glándulas linfáticas submandibular y occipital
- Ojo
- Paratiroides
- Oreja
- Estómago
- Oreja
- Ojo
- Glándulas linfáticas del pecho
- Glándulas linfáticas del pecho
- Hombro
- Esófago, tráquea y bronquios
- Corazón
- Hombro
- Glándulas axilares
- Glándulas axilares
- Músculos y glándulas linfáticas abdominales superiores
- Vesícula biliar
- Músculos y glándulas linfáticas abdominales superiores
- Cintura
- Ingle y glándulas linfáticas pélvicas
- Abdomen inferior
- Abdomen inferior
- Ingle y glándulas linfáticas pélvicas
- Trompas de Falopio/ conductos deferentes
- Trompas de Falopio/conductos deferentes

cómo funciona

La reflexología es una terapia complementaria holística.
Su objetivo es tratar a la persona de forma global, en lugar
de un solo síntoma, basándose en que un síntoma como el dolor
o una erupción cutánea suele ser el signo de un problema interno.
Eliminar los síntomas sin resolver la causa originaria sería como
intentar curar el sarampión pintando encima de las ronchas.
Además, trabajar exclusivamente en una parte del cuerpo puede
hacer que la energía se desplace de esa zona, sólo para
estancarse en otro lugar. El paciente puede acabar sintiéndose
peor. Por eso un reflexólogo empieza, por lo general, trabajando
todo el pie para tratar a la persona de forma global, antes de
centrarse en un área que requiera ayuda adicional.

Siempre que sea posible, es mejor administrar un tratamiento
completo, tanto en los pies como en las manos. Además de
restablecer el equilibrio, es un ejercicio relajante, tanto si se lo
aplica usted como si se lo hace a otra persona. Por añadidura,
es mucho más satisfactorio que dejar gran parte del pie o de la
mano con la sensación de que se han olvidado de ella.

Sin embargo, hay ocasiones en las que no se dispone de
media hora para un tratamiento completo, y otras en las que un
problema es justo lo que parece ser, en lugar de un signo de algo
más profundo, por ejemplo el mareo durante un viaje. Incluso
cuando existe un problema interno crónico, aliviar los síntomas
puede ser útil mientras se trabaja a largo plazo sobre la causa
subyacente.

Un tratamiento de reflexología completo incluye todos los
ejercicios sistemáticos descritos en las páginas siguientes, con

REFLEJOS DE LA REPRODUCCIÓN

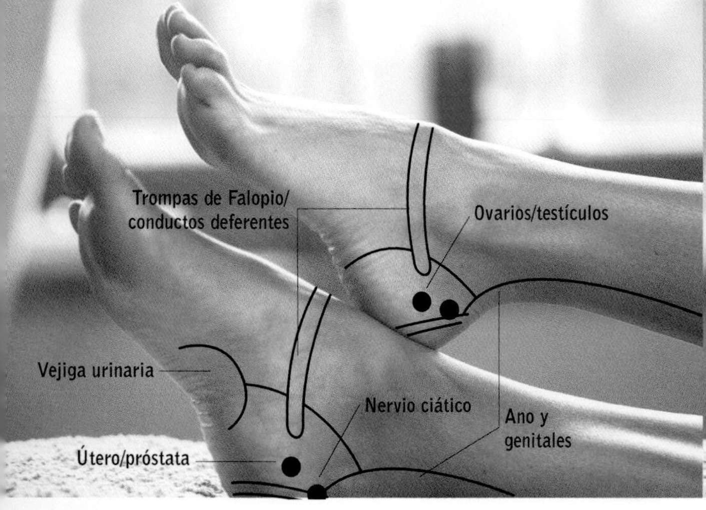

Trompas de Falopio/
conductos deferentes

Ovarios/testículos

Vejiga urinaria

Nervio ciático

Ano y
genitales

Útero/próstata

REFLEJOS LINFÁTICOS

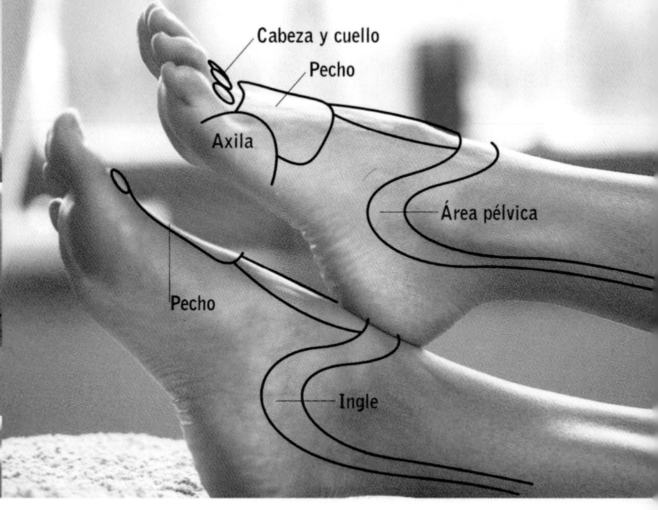

Cabeza y cuello

Pecho

Axila

Área pélvica

Pecho

Ingle

excepción del sistema endocrino (hormonal), que se trata al ocuparse de los demás.

Se expone por separado para permitirle trabajar en el sistema endocrino entero cuando el problema al que se enfrente sea hormonal. No obstante, como hay glándulas endocrinas en diversas partes del cuerpo, debe tratar todo el sistema endocrino mientras vaya realizando un tratamiento podal completo.

Si no dispone de tiempo para un tratamiento completo, empiece despertando las energías mediante la breve secuencia preparatoria (véanse págs. 40-45). A continuación, trabaje con el sistema o aparato en el cual tenga un problema antes de concentrarse en los puntos individuales. Por ejemplo, trabaje las áreas de la cabeza y el cuello para una jaqueca, seguido por el punto específico de la cabeza.

Empiece y acabe cada parte con largas pasadas uniformes por el pie, en dirección al tobillo. Haga lo mismo después de trabajar en cualquier área sensible, a fin de aliviar la incomodidad y retirar de la zona el exceso de energía.

Cualquier persona que reciba un tratamiento reflexológico debe beber mucha agua después. La reflexología estimula la circulación y la comunicación nerviosa entre todos los órganos, por lo que se produce un efecto equilibrador, que los reflexólogos llaman «restablecimiento» u «homeostasis», del equilibrio corporal. El tratamiento puede animar al cuerpo a liberar las toxinas acumuladas, que podrían causar jaquecas o náuseas. Beber mucha agua ayuda a los riñones a trabajar de forma eficaz y a arrastrar los productos residuales del organismo hasta expulsarlos del cuerpo.

REFLEJOS ARTICULARES

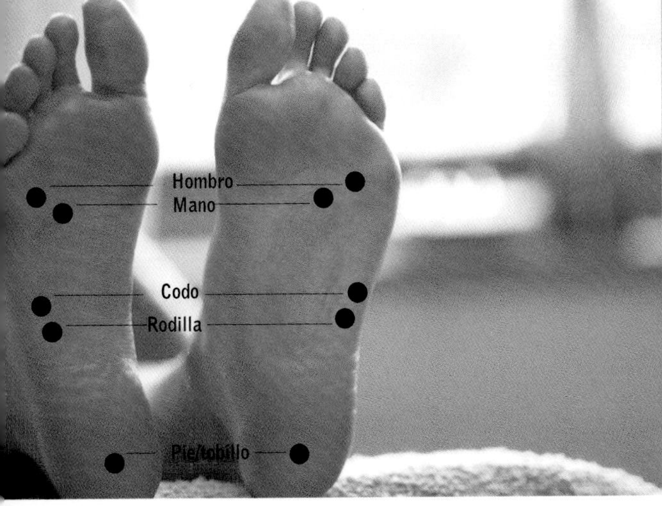

Hombro
Mano
Codo
Rodilla
Pie/tobillo

REFLEJOS ESPINAL Y ESQUELÉTICO

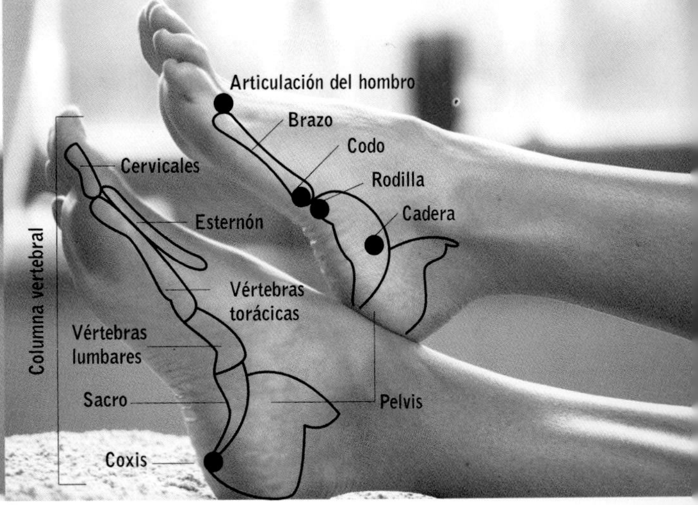

Articulación del hombro
Brazo
Codo
Rodilla
Cadera
Cervicales
Esternón
Columna vertebral
Vértebras torácicas
Vértebras lumbares
Sacro
Pelvis
Coxis

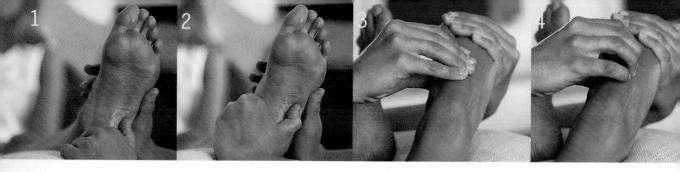

técnicas

En reflexología, la mayoría de los puntos de presión se trabajan
con las yemas de los dedos y con el borde del pulgar, ejerciendo
una presión constante. Usted probablemente utilizará todos
los métodos siguientes en el transcurso de un tratamiento
administrado a otra persona. Cuando trabaje en su propio pie,
los métodos más sencillos son caminar con el pulgar o con los
otros dedos, rotación y flexión o pivotar sobre un punto.

Caminar con el pulgar y con los otros dedos

Este ejercicio se realiza flexionando la primera falange del pulgar
al tiempo que éste se desliza hacia delante, de un modo similar al
movimiento de una oruga (véanse ilustraciones 1 y 2). Se camina
con los otros dedos de la misma manera (véanse ilustraciones
3 y 4). El pulgar o los demás dedos nunca se separan de la piel,
pero su presión varía con su avance.

Rotación sobre un punto

Mantenga el pulgar o el índice sobre un punto (5) y hágalo girar
aumentando ligeramente la presión para activar dicho punto.

Pivotar sobre un punto

Mantenga inmóvil la mano de apoyo y use la otra mano para
hacer girar el pie sobre su pulgar o índice, mientras presiona
en un punto (6).

Flexionar sobre un punto

Es como pivotar, pero en lugar de girar el pie, éste se flexiona
hacia el pulgar fijo (7), aumentando y reduciendo gradualmente
la presión.

Presión de aguja y arrastrar

Utilice esta técnica cuando quiera ejercer presión sobre un punto
reflejo determinado y cuando éste se halle a cierta profundidad en
el pie y sea difícil de llegar a él, o bien cuando necesite ser muy
preciso. Sostenga el pie de modo que los cuatro dedos de la mano
activa sirvan de palanca y, con el borde exterior del pulgar, presione
firmemente sobre el punto. Mantenga una presión constante y —sin
apartar el pulgar del punto— arrastre el pulgar hacia atrás para que
el tejido de debajo se mueva, mientras el pulgar permanece inmóvil.
Mantenga la posición durante 5 segundos.

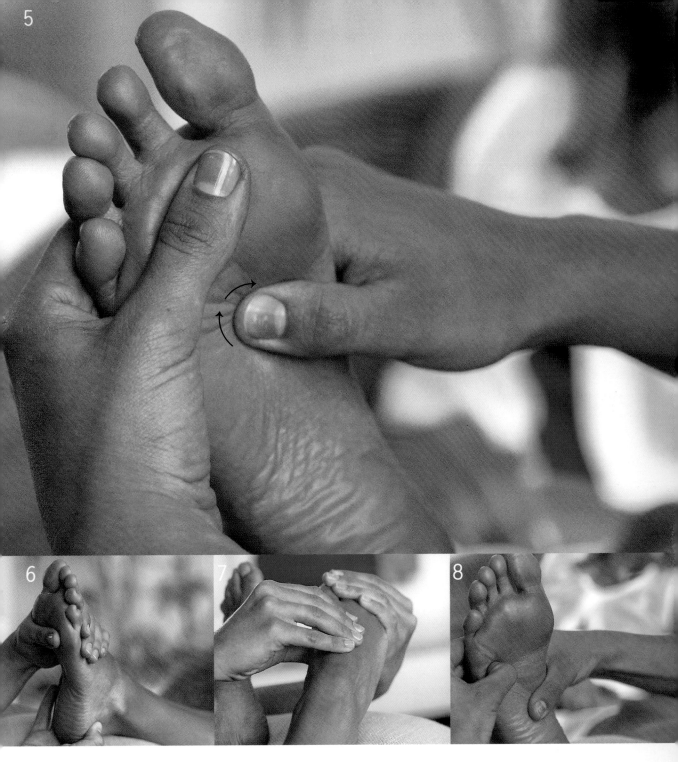

Presión de aguja

Esta técnica se emplea a veces sin tirar de la piel cuando se accede a un reflejo profundo concreto, como el punto del hígado o el del bazo. En este caso es prudente aguantar mientras cuenta hasta cinco y luego liberar progresivamente la presión antes de desplazar el pulgar (8). Este movimiento puede usarse para calmar un reflejo hipersensible.

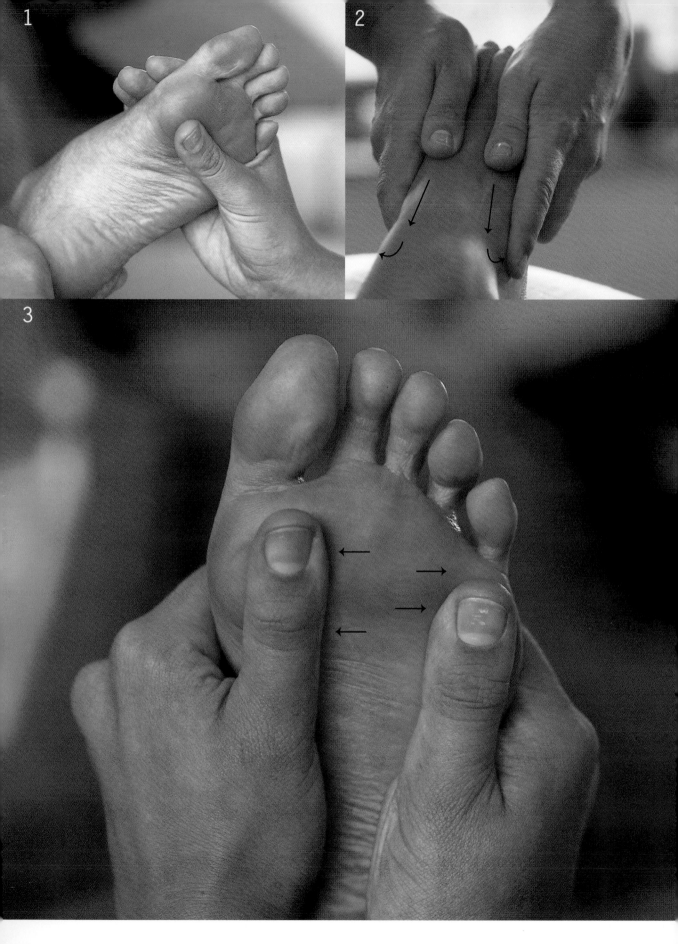

preparación

El objetivo es relajar los pies o las manos en las que trabaja y permitir que fluya la energía. Empiece quitándose el reloj y cualquier joya que pueda arañar la piel. Después acune el pie en una mano, la mano de apoyo, mientras trabaja sobre él con la otra, la mano activa.

1 Apoyando el talón firmemente en una mano, con la planta mirando hacia arriba y el pulgar de la otra mano en el canto interior del pie, imprima al pie un movimiento de rotación en ambas direcciones.

2 A continuación, dé firmes pasadas en ambas direcciones con ambas manos, recorriendo el pie desde los dedos hasta los tobillos y de vuelta a los dedos.

3 Sostenga el pie con ambas manos y apoye los pulgares en la parte carnosa de la planta, en la base de los dedos. Deslícelos hacia fuera y hacia los lados varias veces, para crear una sensación de apertura.

4 Manteniendo las muñecas sueltas y los dedos ligeramente flexionados, camine con el pulgar y los demás dedos por los pies y las manos, como se muestra en la fotografía, avanzando en pequeños pasos sin separar las yemas de los dedos por completo de la piel. Asegúrese de recorrer el pie o la mano en toda su longitud y anchura. Este movimiento despierta la energía en las cinco zonas.

Tanto si trabaja sobre usted como sobre otra persona, asegúrese de que los movimientos de sus dedos se dirigen siempre hacia delante; en la mayoría de los casos será alejándose del centro de su cuerpo. Esto libera las energías y les permite fluir. Cuando trabaje en usted, pronto se acostumbrará a girar las manos y los pies para facilitar esta maniobra.

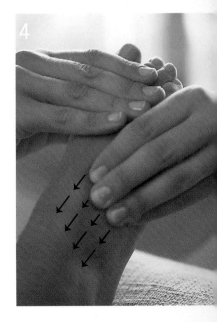

5 Camine con el pulgar y los demás dedos por la planta de ambos pies, desde el talón a las puntas de los dedos, en cinco franjas, una por cada zona.

6 Recorra de través la zona de la paletilla, situada justo debajo de la base de los dedos de los pies.

7 Ahora trabaje sobre el diafragma, situado justo debajo de la parte carnosa de la planta del pie.

8 Recorra de través el suelo de la pelvis, situado justo encima de la almohadilla del talón.

9 Concluya estos movimientos caminando con el pulgar en franjas transversales sobre la almohadilla del talón.

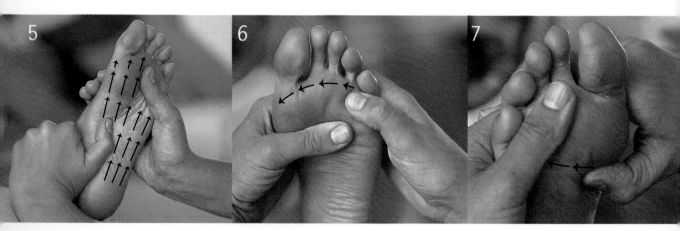

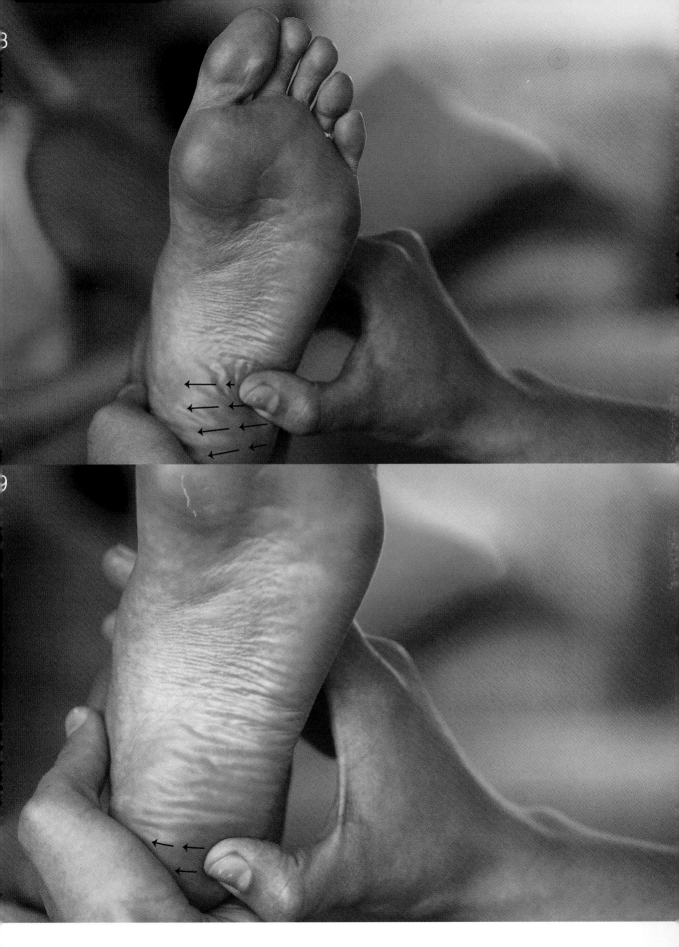

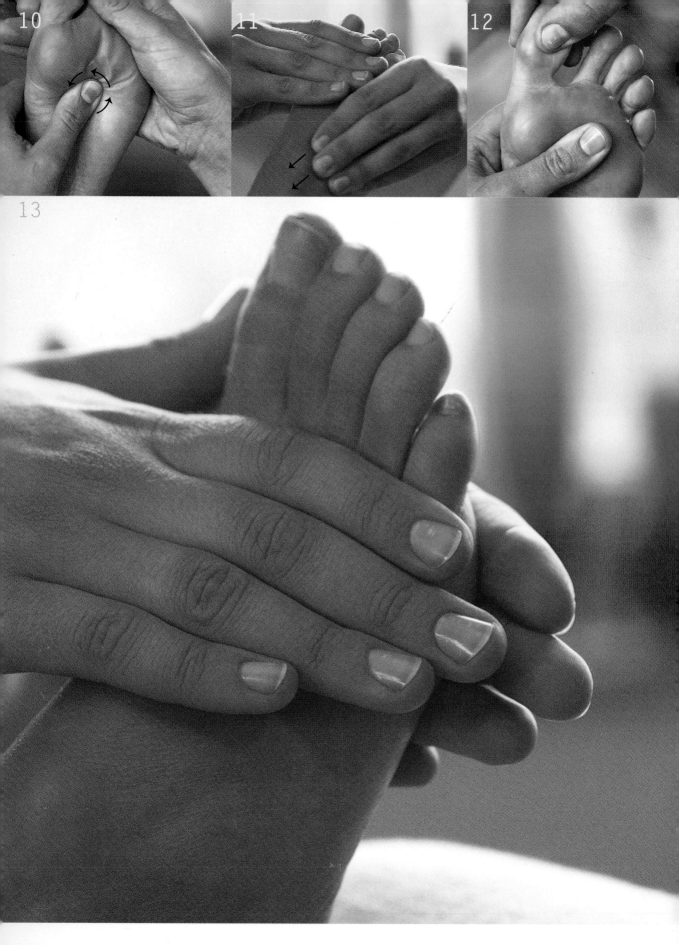

10 A continuación, acunando el pie en la mano, haga girar el pulgar sobre el punto del plexo solar. Es el punto del centro del pie a partir del cual la parte carnosa de éste se curva ligeramente hacia ambos lados; el pulgar se deslizará hasta este punto con naturalidad. No olvide añadir varias pasadas largas de masaje por toda la longitud del pie mientras avanza.

11 Déle la vuelta al pie si trabaja en usted. Camine con el pulgar y los demás dedos en diagonal por el empeine, en ambas direcciones y varias veces. Sosteniendo el pie en una postura cómoda, imprima un movimiento de rotación a los tobillos para aflojarlos.

12 Gire cada dedo del pie sobre su eje y termine tirando de cada uno como si le quitara un tapón, con firmeza pero sin brusquedad.

13 Sostenga el pie entre las palmas de sus manos, con la firmeza suficiente para que la piel se deslice sobre los huesos, y mueva las manos como si se las frotara en círculos. Esto puede hacerse también con el dorso de la mano debajo del pie, si le resulta cómodo.

14 Acunando los dedos de los pies, camine con el pulgar por la parte superior de la parte carnosa del pie, justo en la base de los dedos, presionando firmemente.

15 Dé un masaje a los pulpejos de los dedos de los pies —las partes correspondientes a las yemas de los dedos de las manos— y luego oprima con el pulgar la punta de los dedos, haciéndolos girar sobre su eje. Trabaje en ambos pies siempre que pueda, para no acabar con una sensación de desequilibrio.

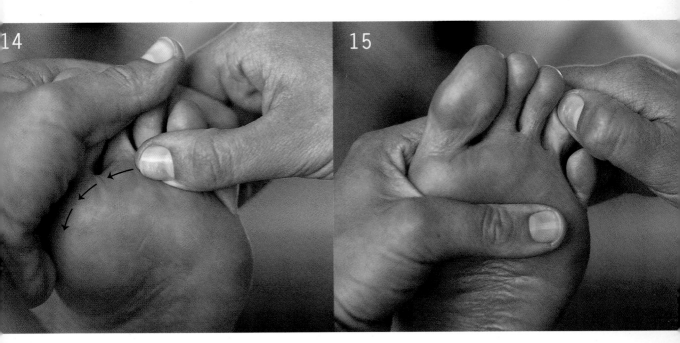

mapas de las manos

En las manos sirven los mismos pasos que se han descrito para los pies. Camine con los pulgares u otros dedos por las palmas de las manos, desde la muñeca hasta la punta de los dedos, sin dejarse ninguno. Encuentre el punto del plexo solar, similar al del pie, y haga girar del pulgar sobre él mientras sostiene la mano sobre la palma de la otra. Después trabaje por el dorso, desde las uñas hasta la muñeca, imprimiendo un movimiento de rotación a las muñecas y haciendo girar cada dedo sobre su eje y tirando de él, como con los dedos de los pies.

Para trabajar en los sistemas de las manos, siga los mismos pasos que en los pies, comparando los mapas para estudiar los detalles. Los mapas muestran puntos reflejos específicos y áreas más generales de órganos en las manos derecha e izquierda.

El único paso que no puede seguir, si se trata de su propia mano, es sostenerla entre ambas palmas. En este caso, apoye la mano sobre una superficie firme y frótesela en círculos con la otra mano.

La reflexología manual recibe su merecido reconocimiento en casos de emergencia, cuando las condiciones no incluyen el tiempo o el espacio necesarios para trabajar sobre los pies. También es algo que puede hacer discretamente cuando viaje, por ejemplo para evitar mareos durante un viaje. En las personas que no están acostumbradas a las terapias físicas o se sienten incómodas con sus pies, un tratamiento manual ofrece muchos de los mismos beneficios. Sólo tocar ya puede ser terapéutico, y la reflexología manual propone una manera muy natural y aceptable de proporcionar un contacto curativo, utilizando técnicas parecidas al masaje relajante.

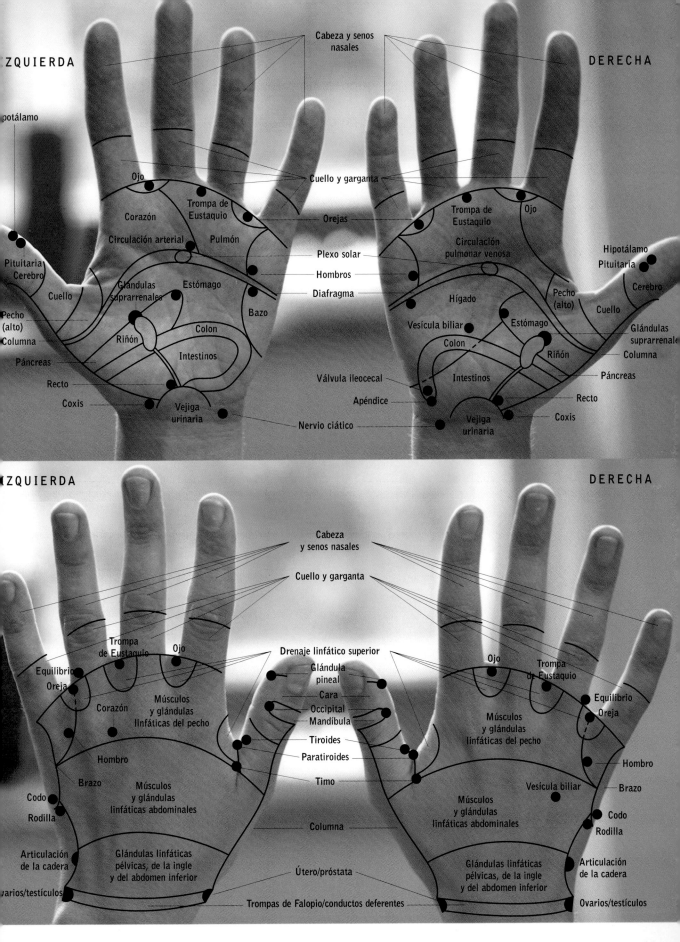

IZQUIERDA

DERECHA

Cabeza y senos nasales

Hipotálamo

Ojo

Corazón

Circulación arterial

Trompa de Eustaquio

Pulmón

Cuello y garganta

Orejas

Plexo solar

Hombros

Diafragma

Trompa de Eustaquio

Ojo

Circulación pulmonar venosa

Pituitaria
Cerebro

Cuello

Pecho
(alto)

Columna

Páncreas

Recto

Coxis

Glándulas
suprarrenales

Riñón

Estómago

Colon

Intestinos

Vejiga
urinaria

Bazo

Válvula ileocecal

Apéndice

Nervio ciático

Hígado

Vesícula biliar

Colon

Intestinos

Estómago

Riñón

Vejiga
urinaria

Hipotálamo
Pituitaria

Cerebro

Pecho
(alto)

Cuello

Glándulas
suprarrenale

Columna

Páncreas

Recto

Coxis

IZQUIERDA

DERECHA

Cabeza
y senos nasales

Cuello y garganta

Trompa
de Eustaquio

Ojo

Equilibrio
Oreja

Corazón

Hombro

Brazo

Codo

Rodilla

Músculos
y glándulas
linfáticas del pecho

Músculos
y glándulas
linfáticas abdominales

Drenaje linfático superior

Glándula
pineal

Cara

Occipital

Mandíbula

Tiroides

Paratiroides

Timo

Columna

Ojo

Trompa
de Eustaquio

Equilibrio
Oreja

Músculos
y glándulas
linfáticas del pecho

Vesícula biliar

Hombro

Brazo

Codo

Rodilla

Músculos
y glándulas
linfáticas abdominales

Articulación
de la cadera

Ovarios/testículos

Glándulas linfáticas
pélvicas, de la ingle
y del abdomen inferior

Útero/próstata

Trompas de Falopio/conductos deferentes

Glándulas linfáticas
pélvicas, de la ingle
y del abdomen inferior

Articulación
de la cadera

Ovarios/testículos

los sistemas reflejos

En reflexología, el cuerpo se divide en 10 zonas, numeradas del 1 al 5 en cada lado. Las zonas van desde la punta de los dedos de los pies hasta la cabeza y luego descienden hasta la punta de los dedos de las manos; cada una empieza en un dedo del pie y en uno de la mano y conectan todas las partes del cuerpo que se encuentran en una zona. La zona 1 empieza en el pulgar y en el dedo gordo del pie, la zona 2 empieza en el dedo meñique de la mano y en el quinto dedo del pie, en ambos lados del cuerpo. Así, la zona 3, por ejemplo, es el área que empieza en el dedo corazón de la mano y en el dedo medio del pie.

Los reflexólogos ven todo el cuerpo reflejado en las manos o en los pies, y la mayor parte del cuerpo está representada en cada mano o pie. Por eso merece la pena dedicar un poco de tiempo a trabajar en cada uno. Los órganos dobles se distribuyen de la manera evidente; por ejemplo, el riñón o pulmón derecho está representado en la mano o el pie derecho. Otros órganos se sitúan donde cabría esperar: el punto del corazón en la mano o el pie izquierdo, ya que este órgano está ligeramente a la izquierda del centro del pecho, y el hígado a la derecha. La mayor parte del estómago está representada en el pie izquierdo, pero también hay una pequeña área del estómago en el pie derecho, reproduciendo su posición en el abdomen y abarcando el píloro y el duodeno.

La reflexología no es una ciencia exacta y los distintos gráficos presentan ligeras diferencias en la posición de los órganos y sus puntos. Esto se debe a que la experiencia personal de un practicante puede conducir a conclusiones distintas y a que no hay dos personas idénticas. Trabajar sobre los meridianos quizá también resulte positivo. Los gráficos son simplemente guías o mapas de carreteras, razón por la cual es mejor trabajar en toda la mano o en todo el pie.

Advertirá que algunos órganos están representados dos veces, con un pequeño punto reflejo dentro de un área mayor que lleva el mismo nombre, a menudo de la misma forma que el órgano reflejado. Esto se debe a que algunos órganos tienen puntos reflejos específicos que estimulan o liberan la tensión en el órgano más aún que si se trabajara en toda la zona del órgano. Un tratamiento suele incluir una firme presión, de aguja o no, encima del punto reflejo específico durante unos 5 segundos, y también caminar con el pulgar u otro dedo por toda el área del órgano.

ZONAS Y LADOS

Trace cuatro líneas imaginarias en sus pies, empezando entre los dedos y extendiéndose por los talones. La zona 1 es la franja que contiene el dedo gordo, la zona 2 es la del segundo dedo, y así sucesivamente. El dedo pequeño está en la zona 5.

A lo largo de este libro se habla del «interior» y del «exterior» del pie. Imagínese la huella de su pisada: el borde interior es el que va desde el dedo gordo hasta el talón y el exterior va del dedo meñique a la parte externa del talón. Lo mismo se aplica a las manos: el borde interior está más cerca del pulgar y el exterior más cerca del meñique.

Por cierto, recuerde que los huesos del dedo del pie se prolongan más de lo que vemos en la carne; flexione los dedos de los pies para notar la articulación entre los dedos y los huesos del pie, el ancho de un pulgar más abajo.

TRABAJAR AVANZANDO

Trabaje siempre avanzando y alejándose de usted (1). La reflexología pretende facilitar la circulación de la energía para eliminar las obstrucciones: trabajar retrocediendo hacia usted es menos eficaz y puede agotar sus propias energías. Es casi como utilizar un desatascador: empújelo alejándolo de usted. Siga cambiando de posición o girando la mano o el pie para no trabajar retrocediendo hacia usted.

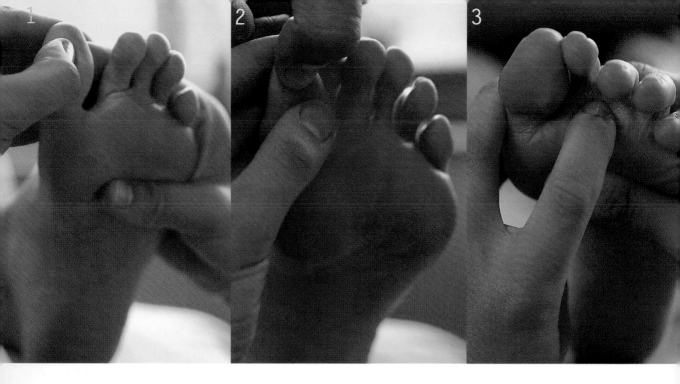

área de la cabeza
y del cuello

El cerebro y el sistema nervioso central se concentran en el dedo gordo del pie. Tratando todos los dedos del pie se trabaja en estos sistemas, además de en las glándulas, en los músculos y en los órganos sensoriales de esa área. Trabaje esta zona para tratar alteraciones como jaqueca, migraña, insomnio, estrés, ciática, acúfenos, trastornos sensoriales (ojos, orejas y nariz), esclerosis múltiple y epilepsia.

Empiece caminado con el pulgar, ascendiendo por el pulpejo del dedo gordo del pie varias veces, hasta cubrir toda su extensión. A continuación camine con el dedo índice, descendiendo del mismo modo por delante y por los lados del dedo gordo. Recuerde que debe alejarse de su propio cuerpo.

La uña representa el rostro y el cabello, y los lados son los músculos grandes que ascienden por los costados del cuello, de modo que hay que ir con cuidado en caso de problemas en esta área, todavía caminando con el pulgar y el índice. No dedique demasiado tiempo a ningún área concreta; no es bueno estimularla en exceso. Camine de través por el dorso del dedo gordo del pie para soltar los músculos del cuello. Camine de través por los lados y por delante del dedo gordo, debajo de la uña, con el dedo índice a fin de tratar los dientes, la mandíbula y la garganta.

La glándula pituitaria —la glándula maestra que controla la producción de hormonas de todas las demás glándulas— está situada en el cerebro y representada por un punto en el centro exacto del pulpejo del dedo gordo del pie. Sostenga el pie con la mano de apoyo, con los demás dedos detrás del dedo gordo, y ejerza una presión de aguja en el punto de la pituitaria con el pulgar de la mano de trabajo, utilizando la presión de los otros cuatro dedos contra la mano de apoyo (1). Recuerde: no pellizque.

Al cabo de 5 segundos, presione con el pulgar opuesto otra glándula importante, el hipotálamo, situado encima del todo del dedo, justo sobre la pituitaria (2). Si le resulta un poco difícil, limítese a presionarlo y ejercer un movimiento de rotación, cubriendo ambos puntos.

En el empeine del pie, en la base del dedo gordo, está el punto del tiroides. Con el dedo índice, ejerza una presión de aguja durante 5 segundos. A continuación, con el fin de estimular la paratiroides, situada en la membrana que une el dedo gordo del pie con el segundo dedo, pellizque suave pero firmemente la membrana mientras cuenta hasta cinco.

Deslícese en diagonal desde el centro del pulpejo del dedo gordo del pie hasta la esquina de la base del siguiente dedo. Éste es el punto del occipital, que representa la prominencia ósea de la parte posterior del cráneo. Es un buen lugar para aplicar un masaje en caso de jaqueca debida a la tensión o tortícolis.

Trazando una línea imaginaria entre la pituitaria y el occipital —desde el centro del pulpejo del dedo gordo del pie hasta la esquina de la base del siguiente dedo—, localice un punto a medio camino entre ambos, que representa la glándula pineal. Esta glándula regula el reloj biológico y ayuda a dormir. Trabaje sobre estos puntos apretando firmemente con el pulgar, ejerciendo una presión de aguja uniforme y aguantando durante 5 segundos.

Para el ojo (el izquierdo en el pie izquierdo, el derecho en el pie derecho), presione la zona carnosa situada entre y justo debajo de la base de los dedos del pie segundo y tercero, apoyándose en la otra mano (3). Presione y aguante durante entre 3 y 5 segundos, o bien presione y suelte si la zona está hipersensible. Haga lo mismo para la oreja; presione la parte carnosa localizada entre y justo debajo de los dedos cuarto y quinto del pie.

Camine con el dedo de arriba abajo por delante, por detrás y por los lados de todos los dedos del pie excepto el gordo. Esto ayuda a drenar los senos nasales hacia las glándulas linfáticas superiores de la región del cuello.

Dándole la vuelta al pie para trabajar en el empeine, presione el punto del equilibrio, situado en la base del cuarto dedo, justo al lado del quinto (4). Complete la sesión acariciando el pie.

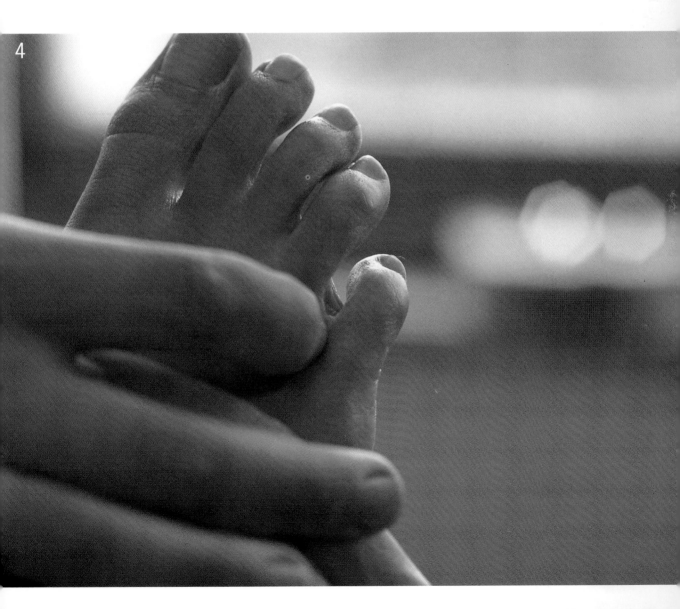

4

área del pecho

Hay un área que se extiende sobre la parte carnosa de la planta de cada pie que incluye los aparatos respiratorio (asma, bronquitis, enfisema, fiebre del heno y reacciones alérgicas) y cardiovascular (trastornos cardíacos y circulatorios como angina de pecho, tensión arterial alta, varices y dedos fríos).

Acunando el pie en una mano, trace una línea imaginaria descendente por la parte carnosa de la planta desde un punto situado entre el dedo gordo y el segundo. La línea representa el esófago y la tráquea. Camine con los pulgares por esta línea, bajando y luego subiendo, para acabar descansando el pulgar de la mano que acuna el pie sobre esa línea. Después camine con el otro pulgar horizontalmente desde el reborde óseo del pie, cruzando la parte carnosa de la base del dedo gordo, hasta

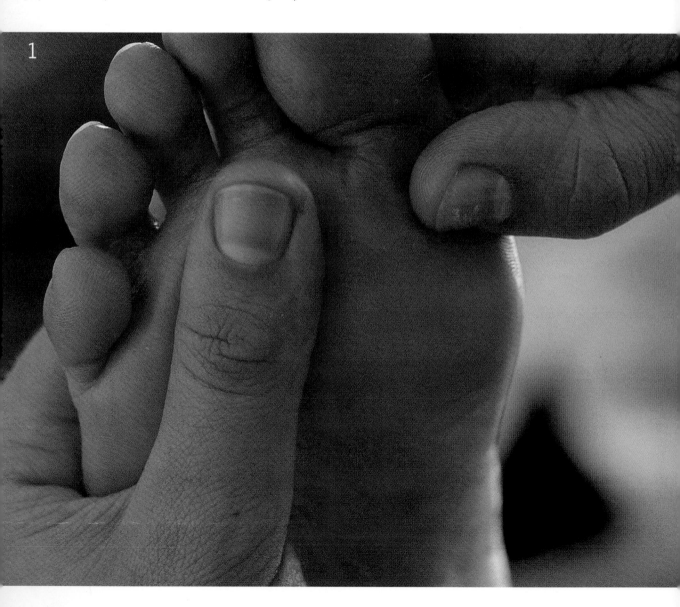

1

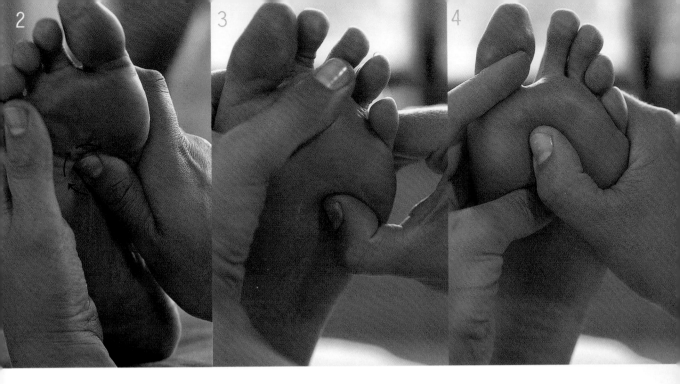

cubrir la zona 1 (véase ilustración 1). Así se actúa sobre los nervios que van al corazón, los pulmones y el área del pecho.

Si es posible, cambie de mano para mantener el flujo de energía avanzando en la dirección correcta. Localice la base de la parte carnosa de la planta y camine con el pulgar por toda su longitud para ayudar a relajar el diafragma. Vuelva a cambiar de mano y trabaje hacia atrás. Notará que la parte carnosa de la planta se curva hacia arriba cerca del centro y luego hacia abajo, como si estuviera dividida en dos sectores.

A continuación, con un movimiento de rotación del pulgar, masajee el punto central (2), que corresponde al plexo solar. El diafragma y el plexo solar son dos áreas importantes, en especial para cualquier problema relacionado con el estrés.

Cambie de mano (para garantizar que sigue trabajando alejándose de su cuerpo) y camine con el pulgar hacia atrás, esta vez cruzando la parte carnosa de la planta del pie propiamente dicha con el fin de estimular la circulación: las venas en el pie derecho y las arterias en el izquierdo. Camine de través varias veces, desde el borde exterior (debajo del dedo pequeño del pie) hacia el borde interior para cubrir toda la parte carnosa de la planta.

Para trabajar los bronquios (los tubos de los pulmones que sufren espasmos durante un ataque de asma), camine con el pulgar hacia arriba desde la base de la bola del pie, subiendo verticalmente por la zona 2. Avance en franjas sucesivas hasta cubrir toda la zona y continúe por las zonas 2 y 3 con el fin de trabajar los pulmones (la zona 5 es el área del brazo y del hombro).

En el pie izquierdo, camine con el pulgar cruzando las zonas 2 a 4 sobre la parte carnosa de la planta para nutrir el corazón. Localice el punto del corazón en la base de la articulación del cuarto dedo del pie, en el borde inferior de la parte carnosa de la planta, y presione hacia arriba, hacia el quinto dedo, con el pulgar apoyado en la planta junto a la zona del diafragma y el dedo índice en el otro lado del pie para realizar un efecto de pellizco (3). Aguante así con firmeza durante 5 segundos para aliviar la tensión, soltando lentamente si el punto está hipersensible.

La glándula timo está a medio camino de la línea del esófago sobre la parte carnosa de la planta del pie. Acunando el interior del pie, ejerza una presión de aguja sobre el punto tirando de la piel lentamente hacia el hueso del dedo gordo (4) durante 5 segundos.

En el empeine, los pechos están representados por un área de unos 25 mm de hondo, situada justo debajo de los dedos y que abarca casi toda la anchura del pie. Camine con los cuatro dedos en franjas horizontales por toda esta zona. Superponga cada pasada para cubrir toda el área de la axila y del pecho.

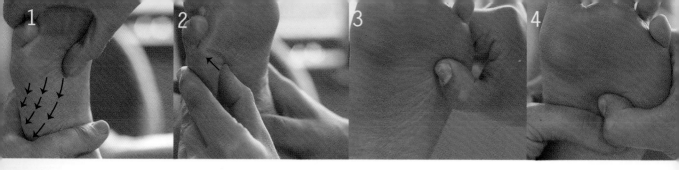

abdomen, aparatos digestivo y excretor

Esta zona cruza cada planta bajo la parte carnosa, además de casi toda la cara interior del pie por debajo de ese punto. Muchas de nuestras vísceras están representadas en esta área, incluyendo la mayor parte del aparato digestivo, de este modo se puede tratar la mayoría de los órganos de una manera bastante sencilla avanzando y retrocediendo al trabajar transversalmente en ambos pies. Si divide la cara interior del pie por la mitad en su punto más alto, obtendrá la posición aproximada de la línea de la cintura, que constituye un buen indicador topográfico para localizar los órganos uno por uno. Para ser específico, se puede trabajar con los siguientes:

Para el hígado, trabaje diagonalmente en ambas direcciones sobre el pie derecho, cubriendo la gran área indicada con forma triangular, empezando en el límite del diafragma, junto al esófago, y descendiendo directamente hasta la pequeña protuberancia (el punto del codo) del borde exterior del pie (1). El punto específico del hígado está situado debajo de la zona del diafragma y se trabaja aplicando una firme presión de aguja y tirando de la piel en dirección al quinto dedo del pie (2).

El bazo se encuentra en un área similar del pie izquierdo pero sólo abarca las zonas 3, 4 y 5. El punto del bazo también está situado bajo la zona del diafragma (3) y se puede trabajar ejerciendo una presión de aguja y tirando de la piel en dirección al quinto dedo del pie.

El estómago se encuentra mayormente en el pie izquierdo, aunque una parte puede localizarse en el derecho, junto con el duodeno y el píloro. Trabájelos caminando hacia abajo por el centro del pie derecho y aplicando un movimiento de rotación con el pulgar, siguiendo una línea aproximada entre las zonas 2 y 3. Trabaje sobre esta víscera por franjas horizontales en ambos pies.

El páncreas se halla por debajo del estómago. Su punto específico se localiza en el pie izquierdo (4), en la zona 3, justo debajo del estómago y un poco por encima de la línea de la cintura.

La vesícula biliar tiene su punto específico en el pie derecho y se accede a él pellizcando suavemente todo el pie, con el dedo índice en el empeine, bajo el cuarto dedo, y ejerciendo una presión de aguja con el pulgar bajo el tercer dedo, un poco por encima de la línea de la cintura (5). Trabaje avanzando y retrocediendo y recuerde girar el pie (o cambiar de posición si trata a otra persona) en caso necesario para mantener el movimiento hacia el exterior y alejándose de su cuerpo.

A continuación, camine insistentemente con el pulgar, ascendiendo, descendiendo y recorriendo transversalmente el área del intestino delgado, una franja situada a unos 25 mm de profundidad que se extiende por todo el ancho de la cara interna del pie, justo encima del talón y debajo de la línea de la cintura, en ambos pies. Esta zona corresponde a los metros del intestino y debe trabajarse a conciencia.

Para trabajar el colon en el pie derecho, se empieza en la zona 4, justo encima del talón. Ejerza una firme presión durante unos 5 segundos sobre la válvula ileocecal y el apéndice al mismo tiempo, y después camine con el pulgar en dirección a la línea de la cintura. Es necesario seguir la ruta de esta víscera: primero el colon ascendente (6), hacia la línea de la cintura, y luego cruzando parte del colon transverso (7), trabajando horizontalmente en dirección al borde interior del pie.

En esta etapa se puede elegir si cambiar de pie o seguir con el derecho. Hay quien prefiere trabajar todo el colon de una vez. Si éste es su caso, tiene que cambiar de pie ahora, ya que el colon atraviesa todo el cuerpo. Presione los cantos interiores de los pies juntos y, empezando en la zona 1 del pie izquierdo, continúe caminando con el pulgar, cruzando el pie hasta la zona 5.

Una vez recorrido todo el pie, cambie de mano para poder caminar hacia abajo, hacia el talón, por encima del colon descendente (8). Vuelva a cambiar de dirección justo antes de llegar a la almohadilla del talón, retrocediendo a lo largo del colon sigmoideo (9) en dirección al borde interior del pie.

Finalmente, ejerza un movimiento de rotación con el pulgar de dentro, presionando sobre el punto del recto (10), situado en el borde interior de la almohadilla de los talones. Para terminar, cubra el suelo de la pelvis y los músculos de las nalgas caminando transversalmente por las almohadillas de los talones. Si no quiere cambiar de pie, simplemente intercale la rutina para la segunda mitad del colon después de los intestinos en la secuencia del pie izquierdo.

CAMBIO DE DIRECCIÓN

A menos que sea contorsionista, tendrá que cambiar la posición del pie en el transcurso de la sesión —sobre todo si el paciente es usted— para que los movimientos sigan alejándose de su cuerpo. Si trabaja en otra persona tendrá que cambiar de mano cuando sea necesario para no experimentar ninguna incomodidad. Acuérdese de que la mano de apoyo debe implicarse activamente en todo momento mientras trabaja.

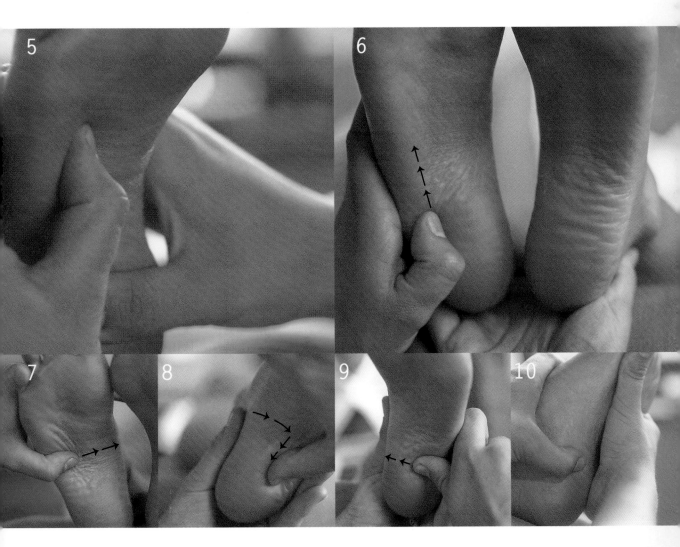

aparatos genitourinario y reproductor

La vejiga urinaria es fácil de encontrar. Es un área ligeramente abultada, del tamaño aproximado de una moneda pequeña, situada en el borde interior del pie, justo encima del talón (1). Camine con el pulgar varias veces sobre esta zona, abriéndose en abanico para abarcarla toda. Después, empezando desde el centro del área de la vejiga urinaria, camine ligeramente hacia el centro del pie (notará el tendón extensor), gire el pulgar para que apunte a los otros dedos del pie y camine ascendiendo por el uréter (2) en dirección a los riñones. No deje de sujetar firmemente el pie con la mano de apoyo.

Los riñones se encuentran en la zona 2, a la altura de la línea de la cintura. Las glándulas suprarrenales están justo encima de los riñones, un poco más atrás, en el borde de la zona 1, y es bastante difícil encontrarlas. Ejerza una firme presión sostenida sobre el área del riñón cuando su pulgar móvil llegue a ella, apuntando hacia los dedos del pie. Con el otro pulgar hacia abajo, presione rápidamente el punto suprarrenal (3) mientras afloja simultáneamente la presión del otro pulgar sobre el riñón. Esta área está a menudo hipersensible, por lo que después conviene retirar con suavidad el exceso de energía, pasando la mano plana firmemente en dirección al talón.

Para los órganos reproductores, trabaje por el lado del pie, en un área situada entre la parte posterior del talón y el hueso del tobillo. Camine suavemente con los cuatro dedos ascendiendo hasta el hueso del tobillo, cubriendo el área blanda que abarca

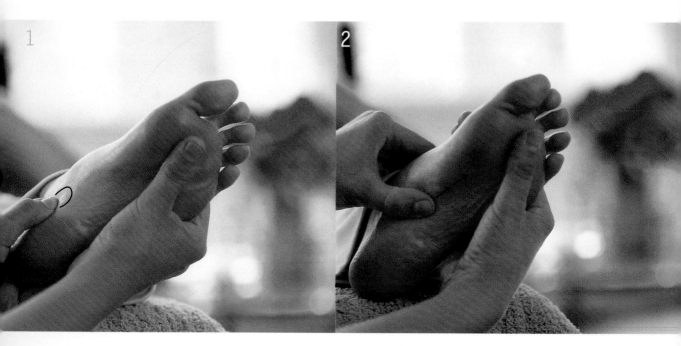

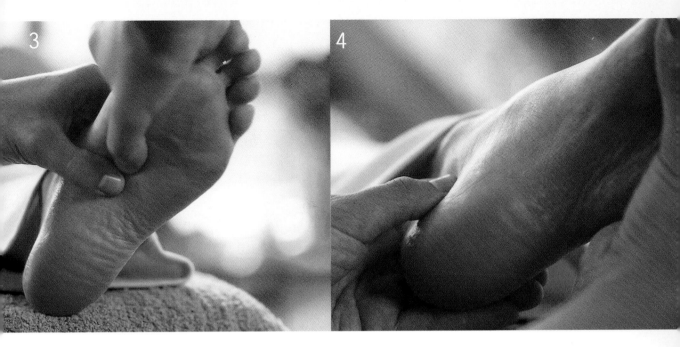

3

4

toda la anchura del talón. Si trabaja en usted, gire el pie para asegurarse de seguir trabajando hacia delante.

Localice el punto del útero, situado entre el hueso del tobillo y la punta del talón (4). Sujetando la punta del pie con la otra mano, presione firmemente este punto con el pulgar. Después puede utilizar la mano de apoyo para imprimir una rotación al pie en la dirección de la presión del pulgar. De este modo se puede aumentar y reducir la presión ejercida sobre este punto sensible según convenga.

Las trompas de Falopio femeninas y los conductos deferentes masculinos se corresponden con una estrecha franja que cruza el empeine, como una tobillera, enlazando el punto del útero/próstata de la cara del pie con el punto equivalente del ovario/testículo situado en el mismo punto de la cara externa. Camine con dos dedos por toda su longitud desde el punto del útero/próstata. Acabe con un masaje en el punto del ovario/testículo con el pulgar durante un momento, antes de presionar firmemente.

sistema linfático

El sistema linfático evacua los desechos de las células corporales con la ayuda de los nódulos linfáticos situados por todo el cuerpo, con grandes agrupaciones en el pecho, en la ingle y en las axilas. Un buen drenaje linfático es esencial para ayudar al cuerpo a depurarse.

Empezando por el tobillo, camine firmemente alrededor de las zonas blandas de ambos lados del tobillo, palpando el interior de todas las cavidades óseas con los cuatro dedos de la mano y superponiendo las sucesivas pasadas por las trompas de Falopio y los conductos deferentes. Así garantiza que cubrirá todos los nódulos linfáticos del área de la ingle.

Desplácese hacia el borde superior del reborde óseo de la zona 1 (1) y camine en franjas horizontales con los cuatro dedos, superponiendo ligeramente las pasadas hasta abarcar todo el pie. Acabe en la parte superior del pie, debajo de los dedos. Así cubrirá los nódulos linfáticos del abdomen, del pecho y de la axila. Aunque ya los había trabajado mientras trataba el área del pecho, merece la pena dedicar una atención especial a este importante sistema.

Para mejorar el drenaje linfático, camine con el dedo índice descendiendo entre los dedos de los pies hacia el borde interior, y luego haga retroceder el índice hacia los dedos (2). Para completar el drenaje, «ordeñe» suavemente los nódulos linfáticos imprimiendo un movimiento de rotación al pulgar y al índice en ambos lados del pie, en la base de los dedos.

sistema endocrino: las hormonas

Este sistema se utiliza principalmente cuando se tratan problemas hormonales sin efectuar un tratamiento completo. Empiece trabajando la glándula maestra, la pituitaria, y después el hipotálamo, que enlaza con el sistema nervioso. Acunando el pie, ejerza una presión de aguja con el pulgar de trabajo sobre el punto de la pituitaria, situado en el centro exacto del pulpejo de dedo gordo del pie, mientras cuenta hasta cinco, asegurándose de no pellizcar. A continuación presione el dedo del pie justo por encima de la pituitaria. Si le resulta difícil, limítese a presionar y a ejercer un movimiento de rotación sobre ambos puntos.

La glándula tiroides se localiza en la parte superior del pie, en la base del dedo gordo (1). Empleando el dedo índice, aplique una presión de aguja sobre este punto durante 5 segundos. Después estimule la glándula paratiroides, localizada en la membrana que une el dedo gordo del pie con el segundo dedo (2), pellizque suave pero firmemente esa membrana y aguante así hasta contar hasta cinco.

El timo es importante, sobre todo si existe una infección que produzca muchas mucosidades. Primero encuentre esta glándula bajando hasta medio camino del área del esófago, situada en la parte carnosa de la planta, y luego, acunando el borde interior del pie, ejerza una presión de aguja en la punta, tirando de la piel en dirección al hueso del dedo gordo, y

finalmente continúe con un suave movimiento hacia atrás. Aguante así durante 5 segundos.

Las glándulas suprarrenales están justo encima de la línea de la cintura, en el límite de la zona 1. Para trabajarlas, presione firmemente un rato sobre el área del riñón (un poco baja en la zona 1, a la altura de la línea de la cintura) y, con el pulgar de la otra mano apuntando hacia el pie, presione rápidamente el punto suprarrenal mientras afloja la presión sobre el riñón. Este punto está a menudo hipersensible, por lo que después hay que acariciarlo firmemente descendiendo hacia el talón.

A continuación trabaje el bazo y acabe ejerciendo una presión de aguja y tirando de la piel hacia el quinto dedo del pie durante 5 segundos. Es importante trabajar sobre el bazo y el timo para estimular el sistema inmunológico.

La mayor glándula del cuerpo es el páncreas, fundamental para regular el equilibrio del azúcar en sangre. Hay un área del páncreas en cada pie, pero el punto reflejo se encuentra en el pie izquierdo, justo por encima de la línea media del centro del pie. Ejerza una presión de aguja sobre este punto durante 5 segundos.

Encuentre el punto del ovario/testículo a medio camino entre el hueso del tobillo y la punta del talón, en la cara externa del pie. Aplique un masaje con el pulgar antes de presionar firmemente mientras cuenta hasta cinco.

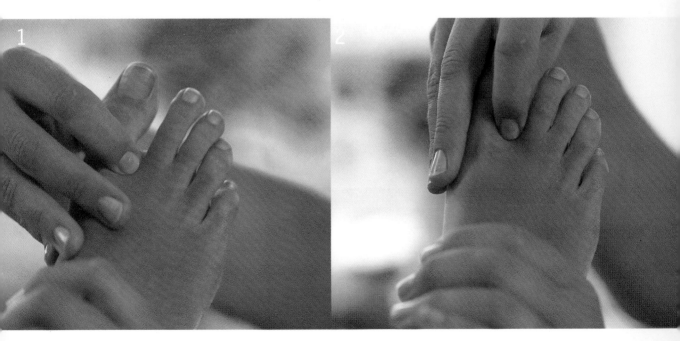

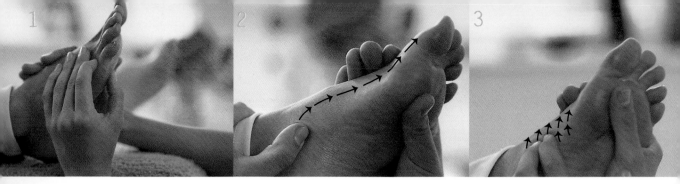

sistema musculoesquelético

Ese sistema sirve de ayuda para problemas de columna, hombros, cuello, lesiones por tensión continuada, síndrome del túnel carpiano, artritis y reuma, entre otros.

Pellizque el punto del hombro (1), localizado entre las articulaciones cuarta y quinta del dedo del pie (aproximadamente al ancho de un dedo más abajo que el dedo del pie). Levante y haga girar sobre su eje todos los dedos del pie –que representan los lados del cuello– y flexione la parte carnosa de la planta a fin de aliviar cualquier rigidez que haya en las costillas.

Los reflejos espinales recorren la cara interior del pie en toda su longitud, desde el cuello en los lados del dedo gordo hasta el coxis en la esquina del hueso del talón (2). Camine con el pulgar ascendiendo por el lado del pie desde el talón hasta la prominencia ósea de la base de la articulación del dedo gordo y luego continúe por el borde de ese dedo hasta la base de su pulpejo, con el fin de cubrir el cuello y los reflejos cervicales. Si trabaja en usted, gire el pie para seguir haciéndolo hacia delante y hacia fuera (aunque su pulgar apuntará ahora hacia atrás, en dirección a su cuerpo) y camine otra vez descendiendo por el talón. Complete los reflejos espinales trabajando en pequeñas franjas horizontales que recorran los músculos espinales (3).

Utilizando los cuatro dedos, recorra de través el reborde óseo interior del pie. Avance desde el talón a la base del dedo gordo. Acabe con pasadas de masaje, descendiendo por el borde interior del pie, del dedo al talón, para disipar el campo de energía.

Para completar los reflejos esqueléticos, pellizque suave pero firmemente el punto reflejo del hombro, situado entre los huesos de los dedos del pie cuarto y quinto, aproximadamente a un dedo por debajo de ellos. Está abajo, donde los huesos de los dedos se unen a los huesos del tarso; flexione los dedos del pie hacia arriba y hacia abajo para encontrar el punto.

A continuación trabaje con el dedo índice descendiendo por el reborde óseo exterior del pie, cubriendo la zona del brazo hasta el codo. La pequeña prominencia ósea que hay a medio camino es el punto del codo (4). Presione sobre este punto durante 5 segundos y suéltelo gradualmente.

El punto reflejo de la rodilla (5) está por debajo del punto reflejo del codo. Con la punta del pulgar, presione bajo el punto del codo y arrástrelo hacia el dedo pequeño, aguantando así durante 5 segundos.

El punto reflejo de la cadera (6) y el muslo son un poco difíciles de alcanzar en una sesión de autoayuda, pero hay que asegurarse de haber trabajado bien la zona de alrededor de la parte ósea del talón, en particular el borde exterior. Apoye el talón en la palma de una mano y, con el dedo corazón de la mano de trabajo, encuentre una pequeña prominencia ósea a unos 25 mm por debajo del hueso del tobillo. Arrastre el dedo índice retrocediendo hacia dicho hueso y mantenga la presión en el punto de la cadera mientras cuenta hasta cinco.

Los puntos de la ciática (7) están detrás del talón, encima del hueso del talón, justo después del tendón de Aquiles. Ejerza un suave movimiento de rotación sobre ellos con el pulgar o el índice.

El pie tiene un punto reflejo propio, que se encuentra en el centro de la almohadilla del talón. De nuevo, imprima un movimiento de rotación y presione con el pulgar. El punto de la mano (8) está justo debajo del diafragma, entre las zonas 3 y 4. Suele ser un área de mucha tensión, tal vez porque cuando estamos estresados crispamos mentalmente los puños. Tratar esta área y los reflejos espinales puede ser una forma muy eficaz de aliviar la presión y liberar la tensión del pecho. Esto a su vez mejora la respiración y la circulación, contribuyendo a la defensa de posteriores tensiones.

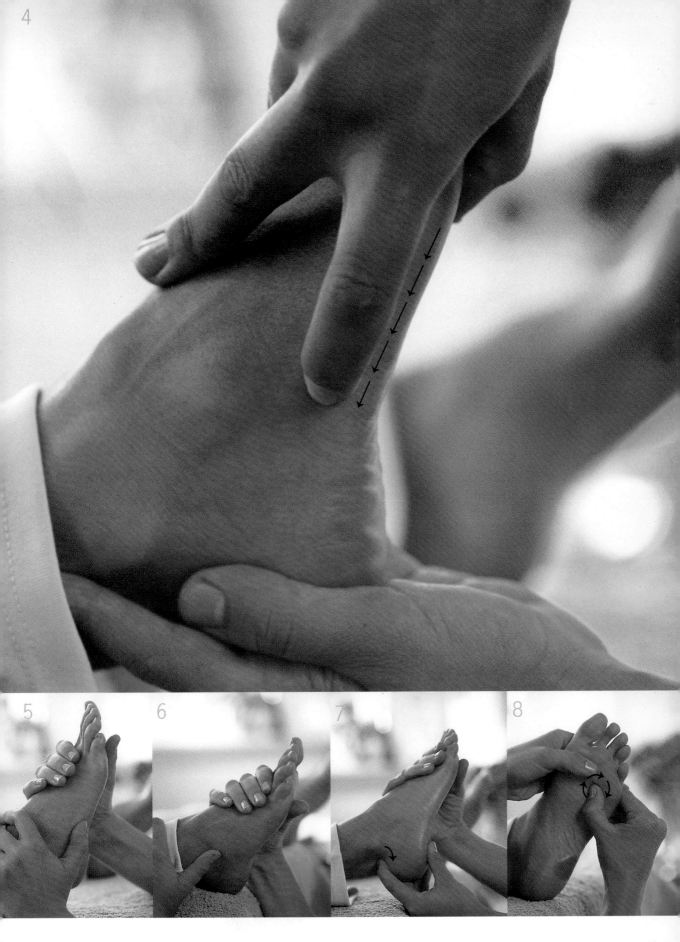

Al igual que la reflexología, la digitopuntura trabaja en un área con el fin de influir en otra. Aunque sigue un mapa distinto —los meridianos chinos antiguos en lugar de los conceptos de zona más recientes—, la mayoría de los principios son similares.

A lo largo de los siglos, el mapa chino del cuerpo se ha desarrollado hasta convertirse en una vasta y compleja estructura que actúa a varios niveles, incluyendo el espiritual. Además de los meridianos mencionados en este libro, existen otros 15 «colaterales» que conectan los meridianos de los órganos (como si fueran las escaleras mecánicas que conectan las distintas líneas de metro) y ocho meridianos adicionales que acumulan energía.

Sin embargo, este libro está concebido para el tratamiento doméstico sencillo, por lo que no entraremos en el tipo de detalles que los acupuntores tienen que dominar. De los 22 meridianos y 660 puntos de presión, sólo utilizaremos los más importantes y los más fáciles de encontrar. El equivalente adecuado se acercaría más a un curso de primeros auxilios y de autoayuda que a una clase de medicina.

capítulo cinco: digitopuntura

los meridianos

Existen 14 meridianos principales, seis a cada lado del cuerpo
y uno en el centro de la parte frontal y otro en el centro de
la espalda. Doce de ellos están conectados con alguno de los
órganos y vísceras internos y tienen un mayor efecto sobre ellos.

Los meridianos se agrupan por parejas: uno yin y otro yang.
La energía yin procede de la tierra, por lo cual los meridianos
que transportan más energía yin empiezan en el punto más bajo:
el primer punto del meridiano de bazo, por ejemplo, está en el
dedo gordo del pie. Los meridianos yang están numerados desde
arriba, puesto que reciben energía yang del sol: el meridiano
de vejiga urinaria, por ejemplo, empieza junto al ojo. Por cada
órgano del cuerpo hay dos meridianos, que siguen caminos
idénticos por los lados derecho e izquierdo del cuerpo. Los
otros dos meridianos que usaremos se conocen como meridiano
gobernador, que asciende por la columna y llega hasta la
coronilla, y el meridiano de la concepción, que recorre
la parte frontal del cuerpo por el centro.

Se dice que acariciar o masajear la piel a lo largo de la ruta
de un meridiano ayuda a equilibrar los sistemas corporales.
Y trabajar en ciertos puntos del meridiano es especialmente
beneficioso. Hay literalmente centenares de estos puntos de
presión; este libro incluye varios de los más valiosos y en los que
más fácil es trabajar sin conocimientos profesionales y menciona
sólo algunos de sus atributos. Los puntos en los que se necesitan
trabajar son a menudo muy fáciles de encontrar cuando se pasan
los dedos con sensibilidad por encima de la piel, por ejemplo una
depresión cutánea natural.

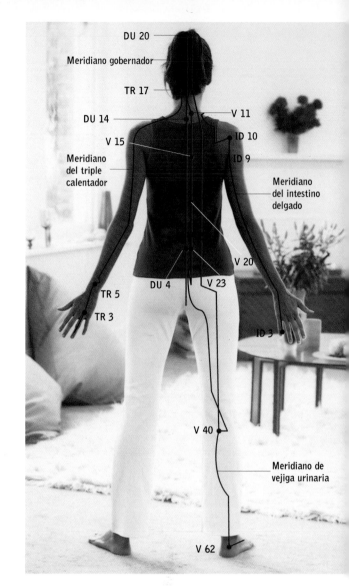

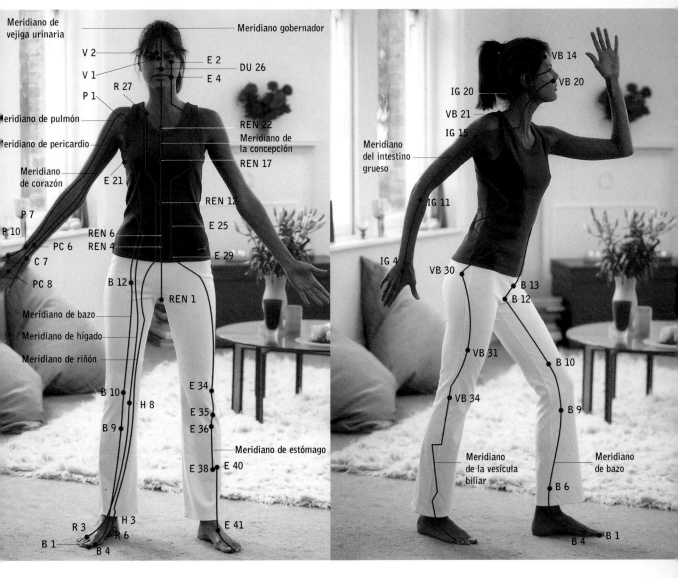

Meridiano de vejiga urinaria

Meridiano gobernador

V 2

V 1

R 27

P 1

E 2

DU 26

E 4

Meridiano de pulmón

Meridiano de pericardio

Meridiano de corazón

REN 22

Meridiano de la concepción

REN 17

E 21

P 7

P 10

PC 6

C 7

PC 8

REN 12

E 25

REN 6

REN 4

E 29

B 12

REN 1

Meridiano de bazo

Meridiano de hígado

Meridiano de riñón

B 10

H 8

B 9

E 34

E 35

E 36

Meridiano de estómago

E 38

E 40

R 3

H 3

R 6

B 1

B 4

E 41

VB 14

VB 20

IG 20

VB 21

IG 15

Meridiano del intestino grueso

IG 11

IG 4

VB 30

B 13

B 12

VB 31

B 10

VB 34

B 9

Meridiano de la vesícula biliar

Meridiano de bazo

B 6

B 4

B 1

OTROS PUNTOS

No todos los puntos empleados en digitopuntura están situados encima de un meridiano. Toda una serie de otros puntos influyen también en la circulación de la energía por el cuerpo —los de las orejas, que permiten tratar la tensión arterial alta, por ejemplo— y no tienen número.

Los puntos desencadenantes también son diferentes. Se trata de zonas hipersensibles donde la digitopuntura se superpone a la anatomía. Los puntos desencadenantes están repletos de terminaciones nerviosas. El valor de uno de estos puntos es que está conectado al origen del dolor. Con la ciática, por ejemplo, un punto desencadenante de la pierna estará hipersensible, pero trabajar en él aliviará el dolor que procede de donde empieza el nervio, la base de la columna. Hay varios puntos desencadenantes en las pantorrillas que producen alivio del dolor muscular y de los calambres.

MERIDIANO DE PULMÓN (P)

El meridiano de pulmón desciende desde la parte superior del pecho hasta el pulgar. Además de su vertiente física, según la filosofía china, los puntos situados aquí están relacionados con las lágrimas y la pena.

P 1: Entre la primera y la segunda costillas, aproximadamente al ancho de una mano del esternón; para enfermedades respiratorias como bronquitis y enfisema.

P 7: Apoye la membrana que une el pulgar y el índice de una mano contra la misma área de la otra mano y cierre ambas manos de modo que el índice de encima se extienda hasta la muñeca de la otra mano. Este punto se localiza donde la punta del índice toca el hueso por abajo y el lado del pulgar.

P 10: En la yema del pulgar, a dos dedos de la muñeca, justo sobre el borde del hueso. Los puntos P 7 y P 10 son adecuados para desbloquear retenciones, permitiendo el movimiento de la energía bloqueada y liberando las emociones reprimidas.

MERIDIANO DEL INTESTINO GRUESO (IG)

Asciende desde el dedo índice hasta el borde de la nariz. Es responsable de depurar y eliminar toxinas.

IG 4: Entre el índice y el pulgar. Presione el pulgar contra el primer dedo y fíjese dónde se abulta más la membrana que los une. Apoye el otro pulgar en ese punto y luego —abriendo el primer pulgar para separarlo del resto de la mano— apriete ese punto entre el índice y el pulgar. Se conoce como el «gran eliminador» (1) y es excelente para el estreñimiento y la movilidad interna.

IG 11: Con el brazo doblado sobre el pecho, presione la punta del pliegue de la parte superior de la articulación del codo. Alivia el dolor artrítico, sobre todo en el hombro.

IG 20: Recorra con los dedos el lado de la nariz y presione la aleta por el borde inferior externo de la fosa nasal. Va bien para tratar la sinusitis y las infecciones de las vías respiratorias altas.

MERIDIANO DE ESTÓMAGO (E)

El meridiano de estómago está relacionado con el equilibrio y la alimentación del organismo. Recorre el cuerpo desde la cabeza hasta el segundo dedo del pie.

E 2: En medio del hueso de debajo del ojo. Para la vista y para liberar la tensión del rostro.

E 4: Comisura de los labios con la boca en reposo. Para relajar los músculos faciales: útil en casos de tensión extrema, dolores dentales y parálisis de Bell.

E 25: Al ancho de dos pulgares por debajo del ombligo. Para el estreñimiento, la diarrea y la indigestión.

E 29: Al ancho de una mano por debajo del ombligo, al ancho de dos pulgares hacia fuera. Problemas femeninos, incluyendo problemas relacionados con los ovarios y el síndrome premenstrual.

E 34: Al ancho de dos pulgares por encima de la rodilla, desde el borde exterior de la rótula.

E 35: Localice un bulto justo debajo de la rótula, hacia la cara externa de la pierna. Mida el ancho de tres dedos por debajo del hueso y presione ahí. Se conoce como «punto de las tres millas» (2) y también como «punto marino», donde es más fácil acceder a la energía de todo un meridiano. También permite tratar el estreñimiento, la jaqueca y el aparato genitourinario.

E 38: A media pantorrilla, justo en la cara externa del músculo que discurre al lado de la espinilla por debajo del punto E 36. Para tratar el dolor de hombro.

E 40: A unos dos dedos hacia fuera (el borde) del punto E 38, para calmar en general; reduce el exceso de Qi y alivia las sensaciones nerviosas. Presione este punto y aguante así durante varios segundos mientras expele el aliento, a fin de calmar los nervios en momentos de ansiedad y para reducir el exceso de energía corporal.

E 41: En el tobillo, para los dolores en esa zona. Flexione el pie para encontrar el pliegue. En éste, el punto es una depresión natural a medio camino entre el hueso del tobillo y la parte delantera de éste.

MERIDIANO DE BAZO (B)

El meridiano de bazo asciende desde el dedo gordo del pie hasta las axilas. Está relacionado con el aprendizaje y la concentración y transforma la energía de los alimentos en Qi.

B 1: La esquina inferior interna de la uña del dedo gordo del pie. Para tratar la jaqueca.

B 4: El final del hueso del dedo gordo del pie, por debajo de la prominencia del lado del pie. Sirve para tratar el dolor de pies,

2

pero además es beneficioso para el sistema reproductor y potencia la fertilidad.

B 6: A cuatro dedos de la cara interior de la pierna desde el hueso del tobillo, empezando desde el área carnosa de detrás de ese hueso. Es un punto de gran energía donde se cruzan tres meridianos.

Advertencia: El uso de este punto está contraindicado durante el embarazo.

B 9: En la cara interior de la pantorrilla, justo debajo de la prominencia ósea del lado de la rodilla, por abajo. Para problemas en las piernas, retención de líquidos y varices.

B 10: Al ancho de dos pulgares por encima de la rodilla, empezando desde el borde interior de la rótula. Se utiliza para tratar diversas afecciones cutáneas y también como punto local para el dolor de rodillas.

B 12: En el pliegue donde la cara delantera del muslo se une al cuerpo, justo al lado de la vulva en las mujeres.

B 13: Cerca del punto B 12, un poco más hacia el exterior del cuerpo. Los puntos B 12 y B 13 pueden emplearse para aliviar el dolor que causa la menstruación.

B 21: A cinco dedos de la axila, entre las costillas quinta y sexta. Mitiga el dolor en el pecho y ayuda a aliviar la depresión.

MERIDIANO DE CORAZÓN (C)

El meridiano de corazón va desde la parte superior del brazo hasta la mano. Está relacionado con la mente y con la memoria a largo plazo. Raramente se usa en autotratamiento, aparte de al masajear ese meridiano y el punto C 7.

C 7: Justo debajo de la prominencia ósea de la muñeca por el lado del dedo meñique, en el borde exterior de la parte delantera de la muñeca. Se utiliza para calmar y suele emplearse en acupuntura con este fin.

MERIDIANO DEL INTESTINO DELGADO (ID)

Este meridiano recorre el brazo y el hombro desde el meñique al borde del maxilar inferior. Está conectado con el corazón y es útil para despejar todo tipo de bloqueos.

ID 3: En el canto exterior de la mano, justo debajo de la articulación del dedo meñique. Para aliviar el reuma.

ID 9: Detrás de la articulación rotatoria del hombro.

ID 10: Justo encima de la cara interna de la axila. Los puntos ID 9 e ID 10 son excelentes para aliviar el dolor en el hombro.

MERIDIANO DE VEJIGA URINARIA (V)

El meridiano de vejiga urinaria desciende por la espalda, a dos dedos de la columna, y transforma los fluidos. Masajeando los músculos largos que recorren la columna en toda su longitud se trabajan muchos puntos de la vejiga urinaria.

V 1: En la cuenca ocular, debajo del borde interior del ojo. Para problemas oculares.

V 2: Pellizque el puente de la nariz, justo debajo del final de la ceja. Utilizado a menudo en problemas oculares y para calmar los nervios y reducir la energía.

V 11: Localice el hueso grande del cogote y presione justo debajo de sus bordes exteriores. Es bueno para los pulmones.

V 15: Entre las paletillas, debajo de la quinta vértebra torácica. Para calmar el corazón.

V 23: Con las manos en la cintura, apoye los pulgares sobre los músculos grandes que empiezan junto a la columna. Trabajando en este punto se mejora la circulación sanguínea y del Qi hacia los riñones y hacia la espalda en general.

V 40: Detrás de la rodilla, en el centro. Para aliviar la ciática.

MERIDIANO DE RIÑÓN (R)

El meridiano de riñón sube por el cuerpo desde la planta del pie hasta la parte superior del pecho. La energía original del cuerpo —el Qi con el que todos nacemos— se almacena en este meridiano, que también rige el crecimiento, la fuerza de voluntad y la memoria a corto plazo.

R 1: En el centro del pie, justo debajo de la parte carnosa de la planta, en el punto medio donde se unen las dos partes. Llamado «manantial burbujeante», este importante punto contiene mucha energía. Es además el chakra plexo solar, que mantiene el equilibrio en todo el cuerpo. Para calmar la angustia o los mareos.

R 27: Bajo la clavícula, justo al lado del esternón; otro punto calmante. Frotando este punto se ayuda a aliviar la tos y el asma, por lo que es una buena zona para aplicar remedios de uso externo como la esencia de eucalipto.

MERIDIANO DE PERICARDIO (PC)

Conocido como «protector del corazón», el meridiano de pericardio va del pecho al dedo corazón. Presione el último punto de este meridiano, bajo la parte superior de la uña del dedo corazón, para tratar la ansiedad, la tensión o los estados de *shock*.

PC 6: A tres dedos por debajo de la muñeca, presione con el dedo corazón, justo en el centro. (En muchas personas está debajo de la hebilla de la correa del reloj.) Alivia los mareos y las náuseas debidos a causas variadas, incluyendo los efectos secundarios de los fármacos o los procesos postoperatorios.

PC 8: En el centro de la palma de la mano. Se conoce como «puerta de las energías corporales». Los curanderos emiten energía por este punto.

MERIDIANO DEL TRIPLE CALENTADOR (TR)

El meridiano del triple calentador está implicado en la regulación del calor y del equilibrio de los niveles de fluidos corporales entre el riñón y el corazón, con lo que estimula el sistema linfático. Este meridiano va del dedo anular a la ceja.

TR 3: A medio camino del dorso de la mano entre los dedos anular y meñique.

TR 5: A tres dedos por debajo de la muñeca, en el dorso de la mano (opuesto al punto PC 6).

TR 17: En la depresión de detrás de la oreja.

MERIDIANO DE LA VESÍCULA BILIAR (VB)

El de la vesícula biliar es un meridiano largo que va del corazón a la punta del dedo pequeño del pie.

VB 14: En medio de la frente, en la línea que discurre entre las cejas. Para la jaqueca y la fatiga ocular.

VB 20: En la base del cráneo, por detrás, dos puntos separados unos cuatro dedos, junto al final de la columna; incline la cabeza para notar los dos músculos grandes y luego presione su parte exterior justo en la línea del cuero cabelludo. Tratar estos puntos es útil para la jaqueca, el resfriado, la sinusitis y la congestión en la cabeza.

VB 30: En el lado de la nalga. Apoye los pulgares en los huesos de la cadera, extienda los meñiques hacia la espalda y encuentre el punto donde acaban los dedos corazones. Para el dolor de cadera.

VB 31: A medio muslo, en la cara externa de la pierna. Para aliviar la ciática.

VB 34: Justo debajo de la rodilla. Palpe para encontrar una depresión entre el hueso largo de la pantorrilla, la tibia, y el peroné, el hueso más pequeño. Está justo debajo del extremo giboso de la tibia. Alivia el dolor muscular.

MERIDIANO DE HÍGADO (H)

El meridiano de hígado va de los dedos gordos del pie al pecho y regula la circulación del Qi.

H 3: Entre el dedo gordo y el segundo dedo del pie, a dos dedos subiendo desde la unión entre los dedos del pie. Para la hipertensión.

MERIDIANO GOBERNADOR (DU)

El meridiano gobernador, también llamado «vaso gobernador» (un vaso o un canal es un meridiano), va justamente desde encima del ano hasta el labio superior. Los puntos están situados sobre la columna, justo debajo de las prominencias óseas, mientras que los puntos de la vejiga urinaria están al lado de la columna.

DU 4: En la parte posterior de la cintura, entre las vértebras. Para aumentar la vitalidad.

DU 14: En el hueso grande del cogote. Incline la cabeza para encontrar el punto más alto de ese hueso. Es un buen punto de energía para aliviar el dolor en la parte superior del cuerpo y el reuma.

DU 20: (No utilizado en este libro.) Está en la parte superior de la cabeza, donde confluyen todos los meridianos. La parte más yang del cuerpo.

Advertencia: Está contraindicado para personas hipertensas, ya que puede aumentar la presión sanguínea.

DU 26: El último punto está justo debajo de la nariz, encima del labio superior. Bueno para estados de *shock* o dolor de espalda muy fuerte.

MERIDIANO DE LA CONCEPCIÓN (REN)

El meridiano de la concepción es una línea que recorre la parte frontal del cuerpo por el centro, desde el cielo del paladar.

REN 1: Es el principio de este vaso, un punto del perineo localizado entre los órganos sexuales y el ano. La parte más yin del cuerpo.

REN 4: A cuatro dedos por debajo del ombligo. Un buen punto para restablecer la vitalidad.

REN 6: «Mar de energía», a dos dedos por debajo del ombligo. Para centrar y «conectar con la Tierra», la fertilidad y la energía sexual.

REN 17: El punto del corazón, o «mar de tranquilidad». Entre los pechos, al ancho de tres pulgares hacia arriba desde la base del esternón. Es un punto energético muy importante que puede mitigar los problemas cardíacos.

REN 22: Entre las clavículas, en la depresión que hay entre ellas. Bueno para la flema, la irritación de garganta y la tensión en el pecho.

abrir las puertas de la energía

Equilibre todos sus sistemas y aparatos con este sencillo masaje diario en los meridianos. Puede hacerse en cualquier momento del día y no requiere demasiado tiempo. No obstante, como los meridianos y sus órganos y vísceras están más activos a determinadas horas del día (actúan siguiendo un reloj biológico), también se pueden hacer los ejercicios en cada lado lo más cerca posible de la hora apropiada, sumándose al consejo occidental de hacer descansos en el trabajo.

Los meridianos van en distintas direcciones, pero no hay que seguir necesariamente su flujo; se pueden trabajar de arriba abajo o al revés. Las caricias son muy eficaces, mientras que con las palmaditas o los masajes se obtienen resultados más estimulantes.

Asegúrese de trabajar ambos lados del cuerpo. Puede bajar por uno y subir por el otro, o subir y bajar por el mismo lado y luego pasar al otro. Sin embargo, es más sencillo trabajar en ambos lados al mismo tiempo reproduciendo los movimientos como en un espejo. A medida que se vaya acostumbrando al estilo fluido simple, desarrollará un ritmo más rápido que potenciará el efecto relajante y equilibrador.

A primera hora de la mañana, trabaje sobre el meridiano de pulmón, que está más activo entre las 3 y las 5 de la madrugada, y el del intestino grueso, que lo está entre las 5 y las 7 de la mañana. En la práctica, esto significa trabajar estos dos meridianos en cuanto se despierte.

Pulmón: Empiece en la parte interna del límite del pecho, justo debajo de las clavículas (1). Trabaje directamente bajando desde la parte superior del brazo (manteniendo la mano extendida y girando la palma) hasta llegar al pulgar.

Intestino grueso: Desde la punta del dedo índice (2), suba por la cara posterior del brazo, por encima del hombro, hasta el borde exterior de la nariz en el otro lado de la cara.

El meridiano de estómago está más activo entre las 9 y las 11 de la mañana.

Estómago: Empiece en la cara, justo debajo de los ojos, bajando por la parte delantera del cuerpo (3) —no por el centro exacto—, por encima de los pechos, y luego por la cara delantera de las piernas, hasta la punta del segundo dedo del pie.

Bazo: Desde la punta del dedo gordo del pie, suba por el lado del pie y la cara interior de la pierna, luego por la parte delantera del cuerpo, aproximadamente a un tercio de su anchura (4), y luego por los lados de los brazos, hasta las axilas.

El meridiano de corazón está más activo entre las 11 de la mañana y la 1 de la tarde, y el del intestino delgado entre la 1 y las 3 de la tarde.

Corazón: Desde la parte superior del brazo, justo debajo de la axila (5), baje por la cara interna del brazo —manteniendo la mano en alto como si se mirara la palma— hasta el lado de la mano, por debajo del dedo meñique. Después vuelva la palma hacia abajo.

Intestino delgado: Desde la punta del dedo meñique, suba por la cara externa del brazo, por encima del hombro hasta donde se llegue, siga por el cuello, luego por debajo de la oreja y acabe en el pequeño hueco del límite de la cara, justo al lado de la mandíbula (5).

El meridiano de vejiga urinaria está más activo entre las 3 y las 5 de la tarde, y el del riñón entre las 5 y las 7 de la tarde.

Vejiga urinaria: Empiece en el interior del ojo, al lado de la nariz, suba por el centro de la frente, pasando por la coronilla (6) y bajando por el lado de la columna, hasta donde se llegue. Por debajo de la cintura, desvíese ligeramente hacia la cadera y descienda por la cara posterior de la pierna —a medio camino entre la línea central y el borde exterior— hasta llegar por el exterior al dedo pequeño del pie.

Riñón: Empezando por la planta del pie (7), suba por la cara interna de las piernas y la parte delantera del cuerpo, a un par de dedos del centro, extendiéndose muy ligeramente hacia los lados al llegar al diafragma, hasta la parte superior del pecho, debajo de las clavículas y cerca del esternón.

5

6

7

H1

El meridiano de pericardio está más activo entre las 7 de la tarde y las 9 de la noche, y el triple calentador entre las 9 y las 11 de la noche.

Pericardio: Empezando desde el lado del pecho, baje por el centro del brazo (con la palma de la mano hacia arriba) y siga por la palma (8) hasta la punta del dedo corazón. Vuelva la mano para empezar por el meridiano siguiente.

Triple calentador: Desde la punta del dedo anular (9), suba por el dorso de la mano y el brazo, luego por el lado del cuello, por detrás de la oreja y por encima del pabellón auditivo, hasta la punta exterior de la ceja.

El meridiano de la vesícula biliar está más activo entre las 11 de la noche y la 1 de la madrugada, y el hígado entre la 1 y las 3 de la madrugada.

Vesícula biliar: Masajee el lado de la cabeza (10), luego trabaje descendiendo por los lados del cuello hasta el pecho y por fin trabaje de través descendiendo por el costado y las piernas hasta llegar al dedo pequeño del pie.

Hígado: Suba desde la parte superior del dedo gordo del pie, entre los huesos del primer y segundo dedo, y por la cara delantera de las piernas, justo por el centro de la rótula, hasta llegar a las costillas (11). Deténgase debajo de los pezones.

preparación

Pruebe estos métodos en usted antes de intentarlo en otra persona. Apriete una pelota; intente masajear un cojín con movimientos suaves de amasado para habituarse a ellos; practique presionando con los dedos rectos y pulsando con ellos como si tocara el piano. Relaje las manos extendiendo y aflojando los dedos, agitándolos como si dirigiera una orquesta y sacudiéndolos desde la muñeca.

Acuérdese de lavarse las manos antes y después de administrar un tratamiento, incluso cuando trabaje en usted mismo. Está tratando con la retención, sobre todo donde hay dolor: lavarse las manos le ayudará a mantener abiertos sus propios canales energéticos.

técnicas

Presione con la palma de la mano plana cuando trabaje sobre músculos. Masajee con las yemas de los dedos, sin clavar las puntas (1).

Presione los puntos concretos con el dedo índice, o bien utilice el pulgar para aumentar la presión. Puede reforzar la presión (2) uniendo el pulgar y el índice.

Ejerza una presión suave en las áreas óseas, ya que pueden estar doloridas.

En los puntos más sensibilizados, pase las puntas de los dedos corazón e índice, sin ejercer presión alguna.

Con un solo dedo, realice un movimiento circular muy suave (3), sin levantarlo de la piel.

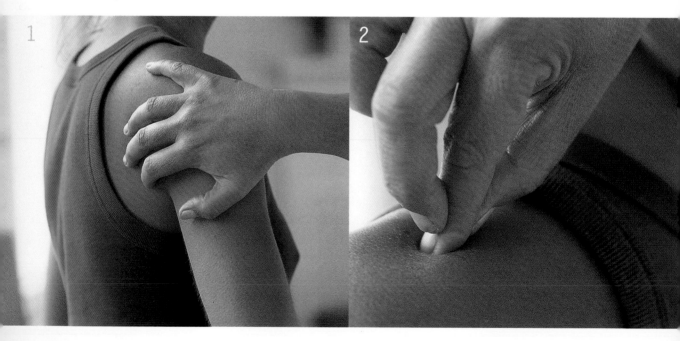

1

2

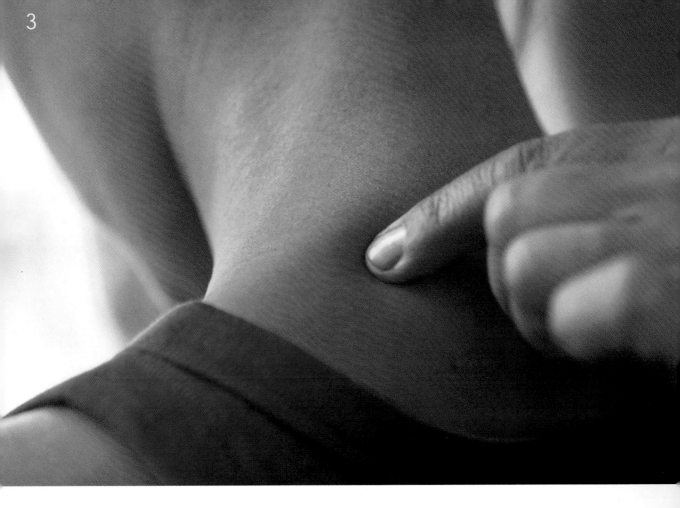

Mantenga el dedo en el punto. Refuerce el dedo con el pulgar y el corazón, de modo que los tres presionen a la vez.

No crea que tiene que clavar los dedos. No debería provocar dolor, sólo una leve sensación que deja de notarse en cuanto se retira la presión. Quizá baste con masajear el área o acariciarla en círculos cada vez más pequeños. Si hay dolor, se puede trabajar por encima y por debajo de él sobre el mismo meridiano, o en otros meridianos de la misma área. Si el dolor excesivo o la hinchazón le impiden acercarse al punto, puede utilizar incluso el meridiano relevante del otro lado del cuerpo.

Una manera excelente de trabajar sobre los meridianos de la espalda es tenderse sobre un par de pelotas de juegos malabares, que son firmes pero blandas, una a cada lado de la columna. Cambie de posición para hacerlas subir y bajar a lo largo de la columna. Si tiene la espalda muy rígida o sufre algún problema físico, consulte a su médico antes de hacer este ejercicio.

Cuando encuentre un punto desencadenante hipersensible, masajee la zona suavemente por encima y por debajo del punto cinco veces, describiendo círculos a su alrededor con un dedo antes de ejercer una presión suave. Siga aumentando la presión si no resulta dolorosa, hasta que masajee a cierta profundidad. Después acaricie hacia abajo y alejándose con un movimiento firme de cepillado para liberar el exceso de energía del área.

La reflexología y la digitopuntura son terapias ideales para problemas crónicos y también como primeros auxilios, además de respaldar un tratamiento médico ortodoxo en caso necesario. Para atenciones más avanzadas quizá desee someterse al tratamiento profesional de un reflexólogo, digitopuntor o practicante de Shiatsu acreditados, que quizá practiquen también la acupuntura u otros tipos de masaje. Sin embargo, estas terapias no pretenden sustituir el diagnóstico médico ortodoxo. Muchas infecciones graves requieren tratamiento con fármacos, mientras que algunas heridas o dolencias sólo pueden tratarse con éxito recurriendo a la cirugía.

Trate una patología sólo cuando tenga la certeza de que no hay otros problemas subyacentes, ya sea porque es evidente o porque se lo ha diagnosticado un médico, y no otro practicante. Consulte siempre al médico si tiene síntomas persistentes, aunque parezcan triviales.

capítulo seis: tratamientos

CONTRAINDICACIONES

Hay problemas para los que incluso las técnicas suaves como la reflexología y la digitopuntura no son adecuadas, por ejemplo el cáncer de mama o linfático. En estos casos, cualquier masaje o tratamiento que desplace la energía podría provocar la diseminación de la enfermedad, aunque de hecho se emplee para aliviar el dolor en los cánceres terminales. Hay que tener cuidado durante las primeras 16 semanas del embarazo, sobre todo en un primer embarazo o si la embarazada había sufrido algún aborto con anterioridad. El tratamiento que usted administre quizá sea inofensivo, pero si se produce un aborto siempre se preguntará si la culpa fue suya.

No trabaje en casos de enfermedad infecciosa, fiebre aguda o en situaciones que requieran cirugía. Evidentemente, no debería trabajar justo encima de una inflamación, hinchazón, ulceración cutánea, variz o fractura ósea. Cuando la herida esté en un lado del cuerpo, se puede tratar el punto adecuado del otro lado.

Un reflexólogo con experiencia y cualificado siempre aconseja consultar al médico si su paciente está tomando fármacos, y nunca trabaja en exceso ningún área concreta. Una buena norma es no tratar en ningún área más de unos minutos en el mismo día, excepto en caso de primeros auxilios, cuando quizá desee repetir un tratamiento breve pero con frecuencia.

Algunos reflexólogos advierten que no es bueno trabajar con cardiopatías. Y no utilice la reflexología con ninguna patología que provoque lesiones en los pies o pueda transmitir una infección; en esos casos, trabaje en las manos. Los diabéticos suelen tener muy mala circulación, lo cual puede lastimar las manos y sobre todo los pies. Trabaje suavemente sin causar dolor.

La digitopuntura no es apropiada en casos de flebitis, una inflamación de las venas suele acompañarse de coágulos sanguíneos potencialmente peligrosos. No utilice los puntos IG 4 o B 6 durante el embarazo, puesto que existe el riesgo de provocar un aborto, y tenga precaución al masajear el meridiano de riñón para no ejercer presión donde cruza el punto B 6. Vigile cuando dé un masaje capilar, ya que en la coronilla hay un punto de presión que aumenta la tensión arterial.

Si tiene alguna afección médica importante, consulte a su médico y a un reflexólogo o digitopuntor, y siga adelante sólo si ambos coinciden en que no hay peligro.

Recuerde también que la filosofía subyacente a estos tratamientos es holística. Cuando le duelan los hombros porque no hace suficientes descansos en su trabajo, no sirve de mucho masajear los puntos reflejos de los pies y trabajar asiduamente los puntos ID 9 e ID 10. Puede que le alivie el dolor, pero eso no evitará futuras molestias ni lesiones derivadas de una tensión continuada. Como le aconsejará cualquier practicante, necesita cambiar aquello que origina los problemas de salud.

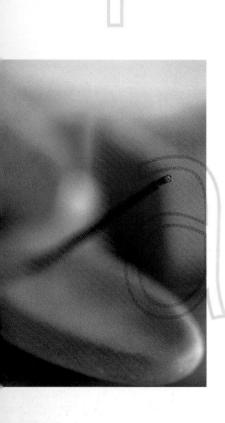

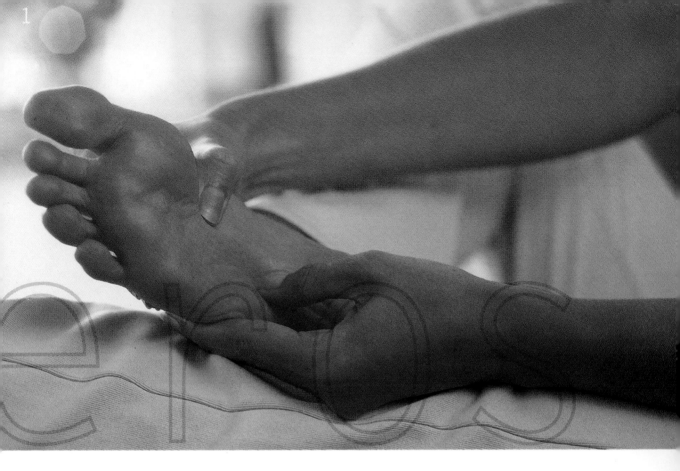

primeros auxilios

La reflexología y la digitopuntura pueden resultar útiles al administrar los primeros auxilios en los estados siguientes. No obstante, recuerde siempre que existen ciertos procedimientos que deben seguirse al proporcionar los primeros auxilios. La Cruz Roja y otras instituciones sanitarias imparten cursos que otorgan una certificación. A menos que usted haya asistido a uno de ellos, tenga a mano un manual de primeros auxilios en casa y en el automóvil en todo momento. Acuérdese también de pedir asistencia médica en caso de emergencia.

En cuanto haya administrado los primeros auxilios después de un accidente, anime al paciente a mantener la calma y respirar hondo llenando todo el abdomen de aire. Los estados de *shock* y las heridas inundan el cuerpo de adrenalina que, si no puede emplearse para «luchar o huir», provoca tensión y aumenta el dolor.

ASMA Y ALERGIAS

Si ve a alguien sufriendo un ataque de asma o una reacción alérgica grave, pregunte si lleva encima fármacos relevantes. Conserve la calma, pero prepárese para obtener ayuda médica rápidamente. Si usted sufre un ataque, intente efectuar ejercicios de respiración para aliviar el dolor. Es buena idea practicar entre ataques para irse acostumbrando a expulsar todo el aire en lugar de jadear para llenarse los pulmones rápidamente.

Reflexología

Durante un ataque de asma, trabaje sobre el sistema endocrino, dedicando una atención especial a las glándulas suprarrenales (véase ilustración 1) y pituitaria. Después trabaje sobre el plexo solar, el diafragma, los pulmones y los bronquios para aliviar los espasmos del pecho, así como sobre la glándula maestra, la pituitaria, que regula el sistema endocrino. Si la persona segrega muchas mucosidades, trabaje en la válvula ileocecal (1) para normalizar la producción de moco.

Las alergias requieren un cuidado similar, sobre todo si el ataque provoca espasmos y mucha mucosidad. Además, trabaje en todas las demás áreas afectadas por la alergia y sobre el hipotálamo. Como se trata de una reacción de hipersensibilidad, trabaje más sobre las glándulas suprarrenales para estabilizar la respuesta.

Digitopuntura

Ejerza una presión calmante sobre la parte superior de la espalda, algo especialmente útil para los niños. El punto DU 14 puede ayudar y hay un punto especial para el asma en cada lado del hueso grande de la base del cuello que sobresale cuando se inclina la cabeza hacia delante.

Advertencia: No intente tratar el asma o ningún otro ataque respiratorio agudo sin consultar antes al médico.

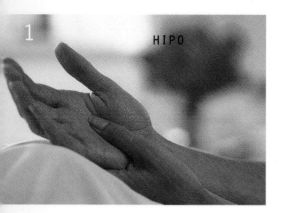

HIPO

El hipo puede resultar irritante, pero no suele ser una amenaza para la salud. Contra él son útiles tanto la reflexología como la digitopuntura.

Reflexología

Se puede detener un ataque de hipo trabajando primero con el aparato digestivo y luego la glotis, el esófago, el plexo solar (1), el diafragma, el área del pecho, los pulmones y el corazón.

Digitopuntura

Presione el punto TR 17, también llamado «Viento protector», situado en la depresión que hay detrás del lóbulo de la oreja, durante aproximadamente un minuto al tiempo que se sienta, intentando respirar profundamente. Después aguante en los puntos REN 17 y REN 22 durante otro minuto, más o menos.

MAREO

Si ha ingerido algo que causa los mareos, vomitar es la reacción natural del cuerpo, que así intenta librarse de ello. En este caso, no intente evitar el vómito, antes bien, asegúrese de que la persona afectada beba mucha agua para restituir los fluidos perdidos. El jengibre es sorprendentemente eficaz contra toda clase de mareos, en la forma que usted prefiera: el jengibre cristalizado es especialmente práctico cuando se viaja.

Reflexología

La reflexología puede ayudar al proceso devolviendo el equilibrio al tracto digestivo. Camine con el dedo descendiendo por el esófago, luego presione suavemente y rote sobre el área del estómago, imprimiendo un movimiento de rotación, y trabaje en ambas direcciones por encima de los intestinos. Acabe trabajando el colon y el recto. Si el vómito ha sido severo y estaba acompañado de calambres, realice un trabajo adicional —incluyendo los nervios espinales que alimentan las áreas del estómago y del abdomen— e incluya también el trabajo sobre el diafragma. Asegúrese de utilizar muchas pasadas de masaje calmante cuando pase de trabajar en un área a otra.

Para tratar el mareo durante un viaje, empiece trabajando el aparato digestivo entero (1) como antes, utilizando la reflexología manual si es un autotratamiento, de modo que no tenga que encoger el estómago mientras trabaja en sus pies. Vuelva a los puntos del plexo solar y de la glándula pituitaria, haciendo girar el dedo pulgar sobre ellos. Camine con el pulgar sobre el área del diafragma y las partes media y superior de la columna. Si padece vértigo, dé varias pasadas a lo largo de toda la columna, del cerebro al coxis. Para tratar el área del estómago en concreto, camine descendiendo por el centro

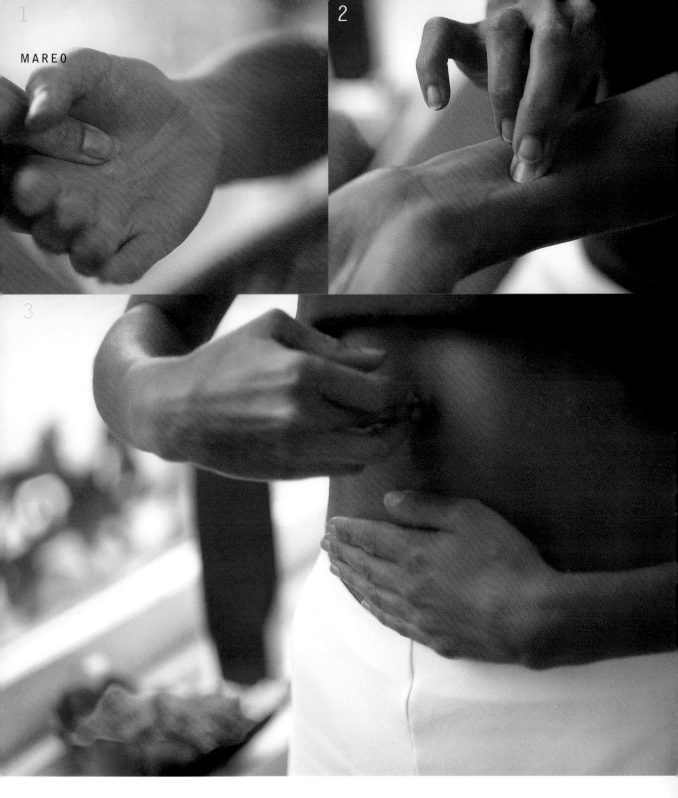

MAREO

1

2

3

del pie derecho, cubriendo las principales áreas reflejas correspondientes al duodeno y al píloro. Esto suele resultar más fácil en las manos.

Digitopuntura

Estimular el punto PC 6 (2) es el remedio energético más fiable para todo tipo de mareos: ha demostrado ser tan eficaz que se utiliza incluso en los hospitales. Para el mareo durante un viaje, se pueden adquirir muñequeras que trabajan este punto. O bien puede mantener la presión sobre el punto situado a tres dedos de la muñeca por el centro de la cara interna del brazo. El punto REN 12 (3) es otro muy eficaz para aliviar la sensación de náuseas.

1

HERIDAS

2

1

ESTADO DE *SHOCK*

HERIDAS

Los primeros auxilios son importantes sobre todo para heridas menores: hielo para refrescar una quemadura, una compresa apretada sobre el punto para detener la hemorragia o descanso, hielo, compresión y elevación para las torceduras y las lesiones deportivas. No mueva a nadie si no está seguro de la gravedad de sus heridas, en especial si es una persona mayor que ha sufrido una caída.

Cuando todo esté bajo control, algunas técnicas de reflexología o digitopuntura pueden calmar a la persona que sufre y ayudan al cuerpo a iniciar el proceso curativo.

Advertencia: No utilice técnicas de autoayuda con nadie que tenga o pueda sufrir heridas graves como una fractura ósea o una hemorragia interna. Llame a una ambulancia, ayude a la persona herida a mantener la calma y procure no moverla. Si está inconsciente, vaya comprobando que respira.

Reflexología

Empiece trabajando el sistema endocrino y luego concéntrese en el plexo solar y en el diafragma para compensar el estrés causado por una herida.

Cuando sangra la nariz (1), presione firmemente la uña y la articulación del dedo gordo del pie —el punto reflejo nasal— mientras la persona se sienta con la cabeza hacia delante y se pellizca el puente de la nariz. Trabaje todo el pie, desde los dedos al tobillo, para ayudar a aportar energía a la parte inferior del cuerpo y reducir la presión en la cabeza. Como autoayuda, puede aplicar el mismo procedimiento en la mano que pellizca la nariz.

Digitopuntura

Presione ligeramente sobre el meridiano más próximo por encima o por debajo de cualquier herida (el 2, por ejemplo, para el dolor de hombro) y aguante así todo el tiempo que le resulte cómodo.

ESTADO DE *SHOCK*

Si alguien parece haber sufrido una conmoción fuerte, compruebe que no tiene heridas más graves de lo que parecía al principio. Si parece confuso, incluso después de un accidente aparentemente menor, busque ayuda médica de inmediato. Manténgalo abrigado; puede darle de beber agua o té endulzado si está usted completamente seguro de que no tiene daños físicos. De lo contrario, no le dé de comer o beber.

Utilice los remedios descritos a continuación mientras espera que llegue la ayuda médica: trabaje suavemente para calmar, asegurándose no estar haciendo daño a ninguna zona afectada.

Reflexología

Trabaje sobre el sistema endocrino, prestando especial atención a los puntos reflejos suprarrenales. Ayude a «conectar con la Tierra» al herido trabajando a lo largo de los reflejos espinales a partir del dedo gordo del pie y acariciando todo el pie desde los dedos hasta el tobillo, estimulando el desplazamiento de la energía hacia el resto del cuerpo. En ocasiones, sujetando el talón firmemente con una mano mientras mantiene el pulgar sobre el punto de la pituitaria (1) ayudará a igualar la circulación de la energía por la columna. Poténcielo visualizando energía o luz blanca fluyendo columna abajo. No olvide que puede trabajar también en las manos, lo cual puede ser más calmante en estas circunstancias.

La misma secuencia puede ayudar a alguien que se siente débil, mareado o que está vomitando.

Digitopuntura

Se puede usar cualquiera de los puntos calmantes para aliviar el sufrimiento del paciente debido a un *shock* causado por un accidente. El punto E 40 (2) es particularmente eficaz. Presione y aguante durante varios segundos mientras expulsa el aire lo más despacio posible. Presione bajo las uñas de los dedos de las manos o de los pies con su propia uña, sobre todo la del dedo corazón, donde termina el meridiano de pericardio; esto también va bien si el *shock* ha dejado sin voz al paciente. Los puntos R 1 (un punto que conecta con la Tierra) y DU 26 son especialmente útiles en estados de *shock*. El punto R 1 también es excelente para los mareos: simplemente apoyar el pie plano en el suelo ya es útil, o hacer que alguien apoye el dedo corazón sobre el punto que hay justo debajo del centro de la parte carnosa de la planta del pie.

aliviar el dolor

El alivio del dolor fue el primer uso de la reflexología moderna cuando, antes de que fueran identificadas las zonas del cuerpo, el doctor Fitzgerald descubrió que podía provocar insensibilidad ejerciendo presión en las orejas o en los labios. Los minúsculos movimientos del reflexólogo estimulan la liberación de la tensión en partes lejanas del cuerpo de la misma zona.

Los reflexólogos y los digitopuntores intentan localizar la causa del dolor y tratarla, ya que el objetivo de las terapias holísticas es resolver el problema de raíz, en lugar de limitarse a aliviar los síntomas. Por ejemplo, las jaquecas constantes pueden estar causadas fácilmente por trastornos digestivos, ansiedad, insomnio, una enfermedad sin diagnosticar o una mala postura, y todo ello puede estar causado a su vez por diversos factores que tienen que abordarse todos sin excepción.

Muchos de nosotros aceptamos el dolor —en casos como la artritis— como una parte inevitable del envejecimiento y decidimos tratar los síntomas en lugar de buscar una cura para el origen del dolor.

1

No obstante, es mucho mejor visitar al médico de cabecera para ver si puede hacerse algo. Y cuando la medicina ortodoxa no puede ayudar, las terapias complementarias pueden ser una alternativa. La artritis, por ejemplo, responde a menudo a suplementos dietéticos como el sulfato de glucosamina, los problemas digestivos a los cambios en la dieta y el dolor de espalda a un buen quiropráctico cualificado.

Al mismo tiempo, utilice a fondo los tratamientos de reflexología y digitopuntura para intentar incidir en la causa raíz, además de los movimientos para aliviar el dolor explicados en este capítulo.

Las técnicas de relajación son importantes para reducir el dolor: cualquier tipo de dolor nos obliga a tensar los músculos, aunque eso nos haga sentir peor, de modo que conviene incluir los tratamientos para el estrés que se exponen más adelante. Es difícil relajarse cuando duele algo, pero es la mejor manera de aliviar el dolor, acompañándolo en lugar de enfrentarse a él inútilmente y aumentar la tensión. No sólo alivia el componente de dolor causado físicamente por la tensión, sino que además reduce la presión psicológica que éste provoca. Sólo con sentarse tranquilamente y visualizar la tensión fluyendo como agua que sale por todo el cuerpo es un buen principio.

RESPIRACIÓN

Los ejercicios de respiración también ayudan a controlar el dolor. Simplemente aprendiendo a respirar despacio y dejar salir todo el aire es posible reducir los niveles de adrenalina (la hormona de «luchar o huir», segregada en los momentos de estrés físico o psicológico), que aumenta la sensación de dolor. Deje que su respiración se modere naturalmente. Después apoye las manos una junto a la otra sobre su abdomen, con las puntas de los dedos unidas por debajo del ombligo (1). Inspire por la nariz hasta contar hasta cuatro y note como el oxígeno le separa las manos (2).

Espire por la boca mientras cuenta por lo menos hasta seis, asegurándose de vaciar los pulmones. Si realiza este ejercicio a solas, haga un prolongado ruido de suspiro cuando deje escapar el aliento. Si le resulta cómodo hacerlo, deje que sus pulmones permanezcan vacíos durante varios segundos antes de volver a inspirar.

Advertencia: Consulte a su médico antes de realizar ningún ejercicio de respiración si tiene epilepsia o tensión arterial alta, y deténgase si empieza a sentir que se le va la cabeza: ha estado respirando demasiado profundamente.

Cualquier dolor de origen desconocido debe investigarse. Incluso si desaparece lentamente, puede significar que sufre usted una patología que requiera atención médica.

DOLOR AGUDO

La mente es tan poderosa como el cuerpo a la hora de tratar el dolor. Depilarse con cera las piernas puede doler mucho, pero de algún modo el dolor no es tan intenso como, por ejemplo, cuando se cambia el vendaje de una herida infectada. Del mismo modo, la inyección de un dentista es mucho peor que perforarse las orejas. Algunos tratamientos de belleza pueden provocar realmente sensaciones físicas fuertes, pero siempre durante breves períodos de tiempo, lo cual no nos perturba. Como nuestras sensaciones naturales de pánico y de desaliento cuando nos atenaza un dolor repentino son difíciles de soportar, es vital dejarlas pasar. Los ejercicios de respiración son una gran ayuda en este aspecto.

El dolor agudo suele estar causado por algún tipo de accidente, de modo que lo primero que hay que hacer es asegurarse de que la persona accidentada no corra peligro y administrarle los primeros auxilios. Si la causa del dolor es desconocida, necesitará ayuda médica. Anime a la persona que sufre a que conserve la calma y respire plenamente con el abdomen. Los estados de *shock* y los accidentes inundan el cuerpo de hormonas contra el estrés que, si no pueden utilizarse para «luchar o huir», causan tensión y aumentan el dolor.

Reflexología

Un masaje calmante (1) empezará a aliviar el dolor antes de llegar a un punto concreto. El dolor causa espasmos, así que ayude al cuerpo a relajarse trabajando sobre los puntos del plexo solar y del diafragma, animando simultáneamente al paciente a respirar prolongada y lentamente con usted. A continuación trabaje el sistema endocrino, prestando especial atención al punto de la pituitaria con el fin de regular la actividad glandular. Masajeando el punto del dedo gordo del pie que representa el hipotálamo normalizará la respuesta del sistema nervioso simpático, en especial si trabaja además a lo largo de la columna, de arriba abajo —desde el dedo gordo del pie hasta el talón—, para calmar los nervios que transmiten el mensaje de dolor. Trabajando sobre las glándulas suprarrenales estimulará la producción del calmante natural hidrocortisona, lo que a su vez calmará la inflamación o la reacción alérgica.

Después trabaje sobre los puntos específicos del área que le duele, a fin de regular la circulación.

Digitopuntura

Presione el punto IG 4 y aguante unos minutos. Trabaje también sobre los puntos desencadenantes: localice el punto que le duele y frote suavemente por encima y por debajo primero, para desbloquear la energía retenida. Después pase por encima del punto y frótelo en pequeños círculos tres o cuatro veces —pero no tan fuerte que cause más dolor— y luego continúe el movimiento hacia abajo y aléjese del dolor. Repítalo varias veces. Es una manera muy suave y eficaz de aliviar el dolor a un niño.

DOLOR CRÓNICO

Cuando el dolor pasa a formar parte de nuestra vida, a menudo desarrollamos patrones de tensión difíciles de romper, en especial si no se hace de una manera consciente. Un masaje suave administrado por un amigo o miembro de la familia puede reducir mucho los efectos debilitadores y agotadores del dolor crónico. Muchas personas que no se plantearían someterse a un masaje corporal completo disfrutan de los efectos relajantes del masaje en las manos, en los pies o en la cabeza y en los hombros. Los ejercicios de respiración también pueden resultar útiles.

Reflexología

Cuando practique la reflexología, trabaje sobre el pie entero para que los movimientos pequeños animen al tejido a liberar la tensión acumulada. Camine con el pulgar y otros dedos por todos los rebordes óseos del lado del pie con el fin de liberar la tensión de la columna y de los músculos de la espalda. Trabaje de través sobre el empeine y dedicando una atención especial y con suavidad a todas las partes sensibilizadas. El diafragma es importante, ya que restaura la respiración normal; tendemos a respirar poco profundamente cuando algo nos duele. Trabajando sobre las áreas del plexo solar y el diafragma (1) contribuirá a relajarse y a desplazar el exceso de energía, alejándola de la zona dolorida.

Los movimientos específicos posteriores al tratamiento principal incluyen las áreas del plexo solar y del diafragma para aliviar los espasmos, el hipotálamo para calmar los nervios que soportan el dolor y las glándulas suprarrenales para bajar cualquier inflamación. Trabaje sobre los puntos reflejos correspondientes a la zona dolorida y a la columna, desde los dedos de los pies hasta los talones.

Digitopuntura

Apriete con la mano encima del centro del dolor para calmarlo y luego acarícielo, alejándose de él para potenciar la retirada de la zona del exceso de energía. Anime a la persona a seguir respirando para expulsar el dolor mientras usted trabaja.

Utilice el punto IG 4, el «gran estimulador» para todos los dolores de la parte superior del cuerpo (véase pág. 66). El punto B 21 (2) va bien para estimular el sistema inmunológico contra los efectos debilitadores del dolor crónico. Apoye el pulgar en la axila, extienda la mano hacia abajo por el lado del pecho y presione el punto del costado donde acaba el dedo corazón.

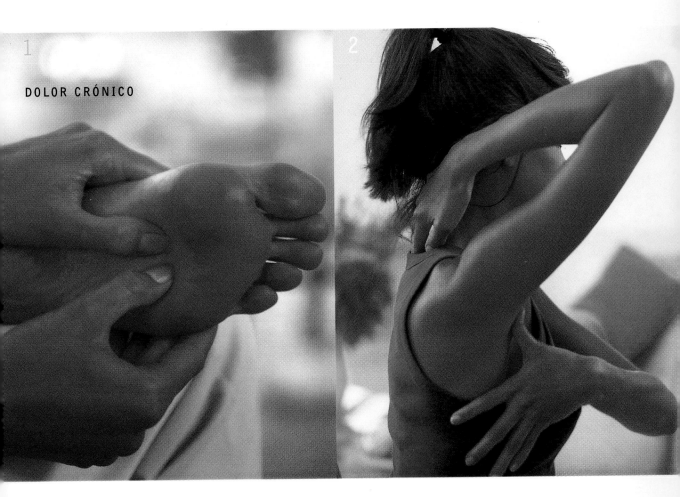

DOLOR CRÓNICO

JAQUECA

Cuando el trabajo que realiza habitualmente le produzca dolor de cabeza, vaya a dar un paseo y tome un poco de aire fresco; si las jaquecas son frecuentes, intente hacerlo a tiempo para eludirlas. Compruebe su postura; si encorva los hombros o fuerza la vista, las jaquecas serán inevitables.

Intente visualizar la operación de expulsar el dolor respirando mientras realiza estos tratamientos. Cúbrase los ojos con las palmas de las manos abiertas (1) durante aproximadamente un minuto después de realizar cualquier trabajo alrededor de estos delicados órganos.

Reflexología

Camine con el pulgar u otro dedo por encima del pulpejo del dedo gordo del pie; se cree que así se estimula también el cerebro. Si un dolor de cabeza está causado por los senos nasales, apriete los lados y la parte posterior de cada dedo del pie (2). Una jaqueca de cansancio que cruza la frente puede aliviarse presionando justo debajo de la uña del dedo gordo del pie (3).

Digitopuntura

Las distintas partes de la cabeza están relacionadas con distintos meridianos y bloqueos. Todos los meridianos pasan por el cuello, de modo que un masaje en esta región puede aliviar el problema, empiece donde empiece. Concéntrese en la línea del cuero cabelludo, en la base del cráneo. Trabaje también sobre los puntos desencadenantes, moviendo la piel suavemente en pequeños círculos, y luego acariciándola hacia abajo para alejar la energía. Localice el punto «tercer ojo» en el centro de su frente, entre las cejas o justo encima de ese punto. Palpe para buscar una minúscula depresión natural.

También puede aliviar las jaquecas trabajando sobre las manos o sobre los pies. En las manos, empiece por las muñecas a la altura del dedo meñique y pase el dedo índice opuesto de arriba abajo por los lados de los dedos, como si trazara un perfil de su mano, acabando en la base del pulgar. Estire cada dedo como si le quitara un tapón. Avance alrededor de todas las uñas presionándolas con la uña de otro dedo. Así se abren los meridianos. Masajeando el pie es posible potenciar la retirada del exceso de energía de la cabeza, aliviando el dolor de la zona.

Si hay también tensión en los ojos, frote arriba y abajo entre los puntos V1 y V2 desde la comisura interior del ojo y subiendo casi hasta la ceja, y el punto VB 14 situado encima del centro de cada ceja, a medio camino de la raíz del cuello cabelludo. Dé golpecitos o masajee alrededor del hueso de debajo de la ceja.

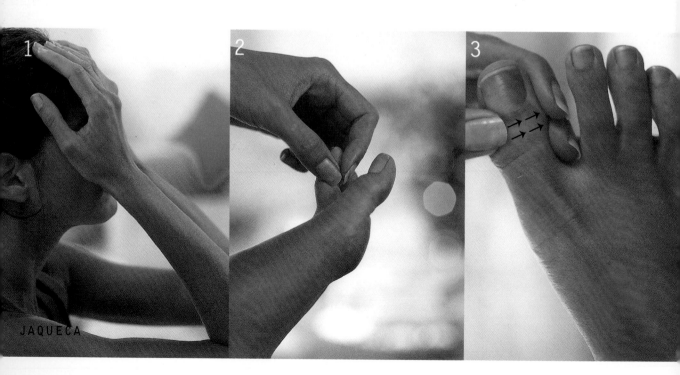

JAQUECA

MIGRAÑA

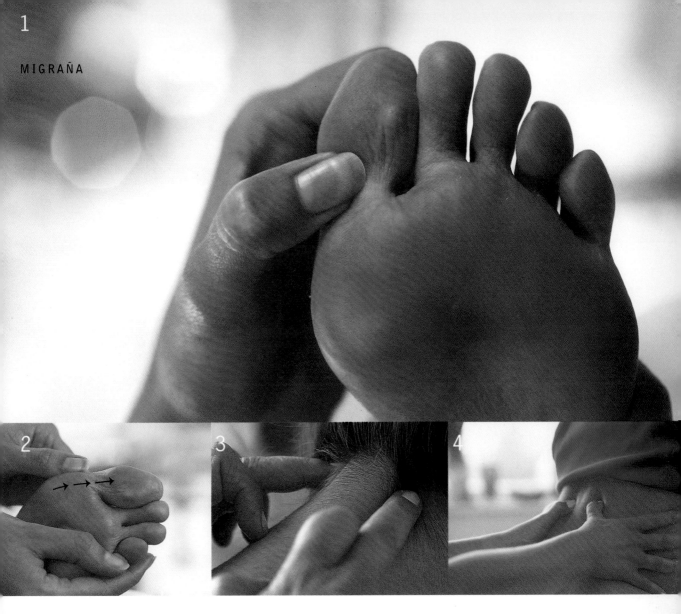

MIGRAÑA

Intente averiguar qué provoca una migraña para poder evitarlo o, si es inevitable, tome medias preventivas para mitigarla. Las dietas adecuadamente supervisadas funcionan a veces cuando todo lo demás falla. Es mejor prevenir que curar, por lo que merece la pena pedir un tratamiento cualificado a un especialista como un acupuntor o un fisioterapeuta. La migraña suele tener otros síntomas, por lo que tal vez necesite trabajar en puntos adecuados contra la tensión ocular, los mareos o las náuseas.

Reflexología

Masajee las áreas del dedo gordo del pie correspondientes al cerebro y el sistema nervioso central y luego concéntrese en los puntos reflejos de la cabeza, el cuello y el hombro. Los músculos del cuello (1) están en un lado del dedo gordo, cerca del segundo dedo; las vértebras (2) están en el otro lado, donde siguen la columna descendiendo por el borde interior del pie.

La migraña está desencadenada a menudo por la alimentación, así que trabaje sobre el aparato digestivo, para empezar. Después pase al área de la cabeza, incluyendo el hipotálamo y la glándula pituitaria, así como la columna, que suele ser el origen de la tensión que desemboca en jaquecas.

Digitopuntura

Localice los puntos del dolor a mitad del dorso de la mano, entre los dedos segundo y tercero y los huesos cuarto y quinto de la mano. Ejerza una ligera presión, estirando los dedos para alejarlos de la cabeza. Trabaje la nuca, sobre todo el punto VB 20 (3) de la base del cráneo: incline la cabeza varias veces para notar dónde está y localizar un punto del lado externo del músculo del lado de la columna.

Masajee la espalda junto a la columna y por encima de la cintura, empujando suavemente hacia fuera y abajo, para trabajar sobre el punto VB 20 (4). Trabaje también sobre los puntos E 40, B 6, PC 6 y VB 14, en mitad de la frente subiendo desde el centro de cada ceja. Masajee en círculos y presione cinco veces.

DOLOR DE HOMBRO

DOLOR DE HOMBRO

El dolor de hombro está causado casi siempre por la tensión, y en la mayoría de los casos puede aliviarse mejorando la postura. Pruebe la técnica de Alexander o las clases de Feldenkrais (véase «Glosario», pág. 124).

Reflexología

Avance amasando (1) y masajeando el empeine y la planta del pie, a unos 25 mm de los dedos. Pellizque, presione suavemente mientras cuenta hasta cinco sobre el punto del hombro localizado en el pie (2) entre la base de los dedos cuarto y quinto, y en la mano entre la base de los dedos cuarto y quinto. (3).

Digitopuntura

Para aliviar el dolor de hombro, presione suavemente el punto VB 21 (4) situado en la parte superior del hombro, en el centro de la pendiente que se forma entre el cuello y el hombro, mientras la persona en la que usted está trabajando espira y visualiza el dolor abandonando la zona.

Los puntos IG 11, H 4, E 38, ID 9 e ID 10 también sirven de ayuda.

DOLOR DE ESPALDA

Al igual que en el dolor de hombro, con frecuencia se puede aliviar mejorando la postura. Los tacones altos, un colchón blando y muebles de una altura inadecuada aumentan la tensión de nuestra espalda. Pero si el dolor persiste y no tiene una causa obvia, consulte a su médico de cabecera. Si él le diagnostica alguna patología, un fisioterapeuta, un osteópata o un quiropráctico pueden ser de una gran ayuda.

Reflexología

En la mano, el área de la columna va descendiendo por el borde del pulgar hasta justo encima de la muñeca. Para trabajar la columna, camine con el pulgar u otro dedo descendiendo por todo el reborde óseo (1). Si desea aliviar el cansancio de los músculos de la espalda, use los dedos y amase o camine horizontalmente por encima del reborde óseo (2), buscando las zonas más sensibilizadas. Acabe con pasadas de masaje calmantes, descendiendo por la mano de modo que cubra los reflejos espinales. En el pie, la columna recorre todo su borde.

Digitopuntura

Trabaje sobre los puntos desencadenantes (donde hace daño), más los puntos VB 30 y VB 31. Utilice el punto V 40 de detrás de la rodilla para la ciática. Masajee los meridianos de vejiga urinaria y de vesícula biliar; si trabaja en usted, túmbese sobre pelotas blandas (véase pág. 77).

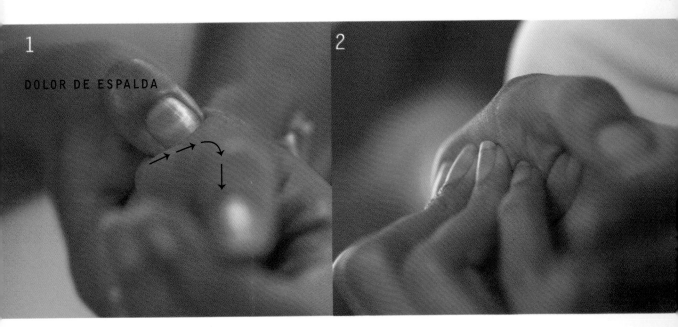

1

2

DOLOR DE ESPALDA

TENSIÓN

Las lesiones por tensión continuada están causadas principalmente por un trabajo que requiere pequeños movimientos repetidos constantemente. No obstante, pocas personas las sufren por hacer calceta durante horas, lo que sugiere que el estrés desempeña también algún papel. Ningún lugar de trabajo será nunca tan relajante como un cómodo sillón de casa, pero las situaciones estresantes (incluyendo la luz demasiado directa, el ruido, la mala gestión y la presión innecesaria) ciertamente aumentan la tensión de nuestro cuerpo. Un mobiliario adecuado en el trabajo ayuda a mantener la espalda y las manos en la posición correcta, lo más relajadas posible. Aún es más importante que los movimientos sean variados: mientras trabaja, flexione los dedos, extienda los brazos y eche los hombros hacia atrás haciéndolos rotar exageradamente. Haga descansos frecuentes para desentumecerse y dé un paseo para sacudirse la tensión de los brazos. Estire bien los dedos. Presione las palmas de las manos una contra otra como una bailarina hindú, con los codos levantados hacia los lados.

Reflexología

Los trastornos en las extremidades superiores pueden centrarse en las manos, en los brazos o en los hombros, pero todos deberían beneficiarse de un estiramiento suave. La reflexología manual es especialmente útil en este caso, pero tanto si utiliza las manos como los pies, empiece tratando los sistemas musculoesquelético y nervioso. Después concéntrese en los puntos reflejos del cuello, de la cintura escapular (1), del brazo y de la mano. Finalmente, trabaje en los puntos reflejos de la cadera y de la pierna para estimular el movimiento de la energía por el cuerpo. Cuando trate una lesión por tensión continuada, asegúrese de interrumpir los patrones que reproducen el estrés realizando un trabajo adicional en los dedos y en las articulaciones, haciéndolos rotar y estirándolos suavemente (2).

Digitopuntura

El tratamiento manual de la jaqueca también va bien para las distintas formas de lesión por tensión continuada. Pase el dedo índice arriba y abajo por los lados de los dedos, estire cada dedo (3), incluido el pulgar, y luego presione suavemente con la uña alrededor de las uñas de la otra mano. Con la palma vuelta hacia arriba, dé doce firmes palmaditas subiendo por el antebrazo y luego doce más por el interior del codo. Vuelva el brazo hacia abajo y dé palmaditas también en el otro lado del codo. Masajee suavemente el pliegue del interior del codo, desde el punto del corazón a la zona donde termina el pliegue con el brazo flexionado, de través y hacia el centro. Estos puntos sirven para liberar la retención de energía que se produce en las lesiones por tensión continuada.

DOLOR DENTAL

Aplicar aceite de clavo o whisky en un diente o en una muela puede atenuar el dolor hasta que le vea un dentista.

Reflexología

Alivie el dolor dental caminando con el pulgar o presionando e imprimiéndole un movimiento de rotación a lo largo de la línea de la mandíbula, localizada en la primera articulación del dedo gordo del pie. Es más cómodo trabajar en las manos, empezando por la rutina de masaje de caminar con los dedos y el pulgar y luego caminando con los dedos y presionando con un movimiento de rotación a lo largo de la primera articulación del pulgar (1).

Digitopuntura

Pruebe los puntos IG 4 y E 4 (2). Hay varios puntos en las manos que son beneficiosos para los dolores dentales, por lo que un masaje manual también puede ser útil.

1
DOLOR DENTAL

2

ARTRITIS Y REUMA

Estas dolorosas patologías ensombrecen la vida de muchas personas mayores, y un tratamiento de reflexología o digitopuntura puede ser un regalo de amor para un amigo o pariente anciano. Asegúrese de que está cómodo y relajado antes de empezar a trabajar; las pasadas de masaje prolongadas y suaves son una buena manera de empezar.

Reflexología

Empiece siguiendo la rutina para el dolor y luego trabaje en todo el sistema musculoesquelético y el dedo gordo del pie, a fin de tratar el sistema nervioso central. Dedique especial atención al punto de la cadera (1), de las rodillas (2) o de otras áreas que duelan, pero no se arriesgue a agravar el dolor entreteniéndose demasiado tiempo en ellas: sólo se trata de facilitar el flujo de la energía. Trabaje sobre las glándulas tiroides, paratiroides, suprarrenales y pituitaria, y también sobre el estómago, el intestino y los riñones.

Tanto las manos como los pies pueden estar artríticos, por lo cual es mejor trabajar en lo que duela menos. Cuando se trata un pie o una mano artríticos es necesario trabajar con mucha suavidad, evitando todos los movimientos de torsión y rotación, ya que podrían causar daño. La acción de caminar con el pulgar y con los demás dedos debe ser cómoda, con una presión ligera que puede incrementarse siempre que no cause dolor.

Para el dolor de espalda debido a artritis en la columna, aplique un tratamiento para el dolor crónico y luego concéntrese en la columna. Masajee descendiendo por el lado del pie y camine con los dedos de través entre los puntos de las vértebras, con la intención de relajar los nervios que puedan estar atrapados y aliviar los espasmos musculares que a menudo acompañan a la artritis.

La ciática tiene un punto propio: trace una línea imaginaria en diagonal desde el hueso del tobillo hasta la punta del talón y recorra unos dos tercios de su longitud, deteniéndose donde empieza el hueso del talón. Hay un punto reflejo ciático en cada lado del talón, situado en la parte superior del hueso del talón en dirección a la parte posterior del pie, por lo que es necesario sujetarlos entre el índice y el pulgar (3). Tenga cuidado cuando trabaje aquí, ya que el nervio ciático pasa por encima de este hueso y forma un bucle debajo del talón. Si usted padece ciática, haga esto después de tratar el sistema nervioso central y la columna, y luego trabaje sobre los puntos reflejos de la cadera y de la rodilla, puesto que el nervio desciende a través de estas articulaciones.

Digitopuntura

Para el reuma, trabaje en los puntos DU 14 e ID 3. Masajee alrededor de la parte externa de las articulaciones doloridas. Para el dolor de espalda, masajee los puntos de la vejiga, al lado de la columna, aliviando también la tensión muscular. El punto IG 11, en el codo, es muy potente contra el dolor artrítico en el hombro y en el brazo.

Para el dolor de rodilla, extienda la mano con el dedo corazón en el centro del borde exterior de la rodilla, trabajando sobre los puntos E 34 –por encima de la rodilla–, E 36 –por fuera de la rodilla– y B 9 y B 10 –en la cara interna– (4). Frotando esta área se estimulan también los puntos adecuados E 34, E 35 y E 36. Masajee alrededor del límite de la rodilla. Haga lo mismo alrededor de todas las articulaciones doloridas.

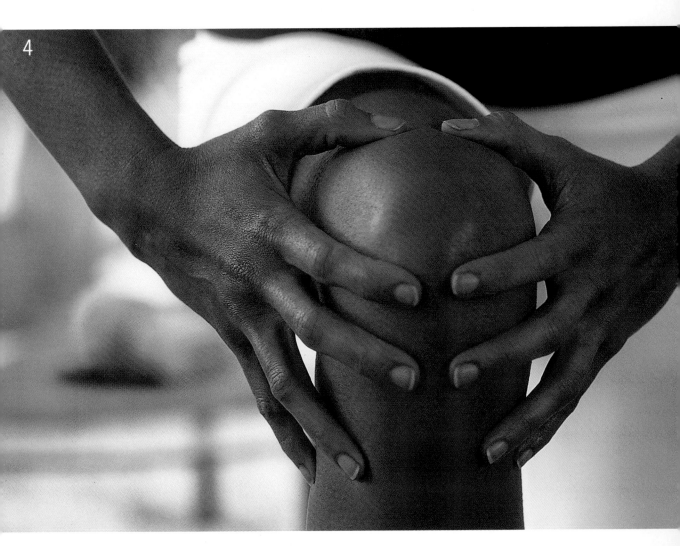

4

patologías

Las técnicas de autoayuda pueden potenciar la salud en general
y la resistencia a las enfermedades, así como aliviar los
síntomas desagradables. Además, combaten la sensación
de impotencia que suele acompañar a una mala salud,
especialmente cuando se trata de una patología crónica.

TRASTORNOS DIGESTIVOS

Si usted sufre frecuentemente de indigestión, sería una buena
idea no ingerir alimentos grasos, ni consumir alcohol durante
las comidas y evitar las cenas pesadas antes de acostarse.
La dieta Hay, basada en la combinación de alimentos –tomar
alimentos muy ricos en proteínas y en hidratos de carbono
en comidas separadas–, ha obrado prodigios en muchas
personas con trastornos digestivos. Una infusión de menta
después de la comida es una manera indolora de evitar la
indigestión. Y no olvide que los trastornos estomacales suelen
estar causados por la preocupación o por la ansiedad, así que
intente reducir el estrés.

Reflexología

El mismo tipo de tratamiento que funciona con la indigestión sirve para el mareo (véase pág. 82). Además, trabaje el hígado con una técnica de presión de aguja y pellizque el punto reflejo de la vesícula biliar. No olvide incluir la operación de caminar arriba y abajo por la zona del esófago. Incluya también el área de la mandíbula y de la boca, ya que la indigestión suele estar relacionada con la salivación.

Para los problemas digestivos en general, trabaje con todo el tracto digestivo, empezando por la boca y siguiendo todo el camino hasta el recto. Los puntos en los que debe concentrarse incluyen el hígado (1) y la vesícula biliar. Si usted sufre retortijones, por ejemplo con un síndrome del intestino irritable, trabaje también sobre los puntos reflejos del tiroides (2) y la paratiroides (3), más el diafragma y el plexo solar.

Si padece alguna alergia alimentaria, incluya las glándulas suprarrenales. Para problemas relacionados con el equilibrio del azúcar, como hipoglucemia o diabetes, trabaje sobre el páncreas (4). Para aliviar el estreñimiento y las hemorroides, trabaje sobre el colon, así como sobre el área que recorre la parte posterior del tobillo y el talón por encima del tendón de Aquiles, conocido como el «ayudante crónico».

Con la diabetes, no trabaje en exceso el páncreas y compruebe si es necesario ajustar la medicación, puesto que la reflexología estimula la producción de insulina por parte del páncreas. Algunos reflexólogos advierten que trabajar excesivamente el punto reflejo del páncreas puede causar un coma insulínico.

Digitopuntura

El bazo y el estómago pueden estar afectados por algo perjudicial del exterior, como aditivos químicos o alimentos con muchas especias.

Para el ardor de estómago, trabaje sobre el punto REN 12 e IG 4. La indigestión y el estreñimiento se alivian trabajando sobre los puntos E 36 e IG 4, el «gran eliminador». También es útil el masaje en el estómago: en la dirección de las manecillas del reloj desde REN 6, en pequeños movimientos circulares para el estreñimiento (5) y en la dirección contraria para frenar el flujo en caso de diarrea. (Hágalo en pequeños movimientos circulares con el dedo sobre el punto, levantando los dedos para empezar el siguiente movimiento, trabajando alrededor en un gran círculo que cubra todo el abdomen, empezando justo por encima del ombligo.)

A primera hora de la mañana es el mejor momento para masajearse el abdomen, ya que el meridiano de estómago está más activo entre las 7 y las 9 de la mañana. No obstante, si usted sufre estreñimiento, el masaje estomacal también puede ser útil cuando vaya al servicio; también merece la pena masajear el estómago antes de acostarse, a fin de que los efectos del masaje tengan lugar durante la noche.

AFECCIONES CUTÁNEAS

La piel es un órgano excretor y no sólo protector: la sudoración es un proceso mediante el cual el organismo se libera de las toxinas nocivas. Beber mucha agua ayuda a aumentar la depuración. Las grasas saturadas pueden alterar el equilibrio hormonal, así que reduzca el consumo de carne roja y alimentos procesados si empiezan a salirle granos. Comiendo pescados grasos como arenques y mucha fruta y hortalizas frescas obtendrá los nutrientes necesarios para mantener la piel sana. Marmite es una buena fuente de vitaminas B beneficiosas para la piel.

Reflexología

Si tiene usted problemas de piel, trabaje sobre los aparatos genitourinario y digestivo primero, con el fin de contribuir al proceso de evacuación a través de estos canales. Después preste una atención especial al hígado, a los intestinos (1) y a los riñones (2). Como algunas afecciones cutáneas están desencadenadas por cambios hormonales, trabaje también sobre el sistema endocrino. En algunas personas están asociadas a la producción excesiva de mucosidades, de modo que trabajar sobre la válvula ileocecal puede servir de ayuda. Trabaje también la zona del rostro, presionando debajo de la uña del dedo gordo del pie.

Digitopuntura

Las afecciones cutáneas están relacionadas a menudo con problemas hormonales, digestivos e incluso emocionales que quizá necesiten tratarse antes. Como alternativa, o complemento, pruebe los puntos B 10 e IG 4 para mejorar la circulación, y el IG 11 para ayudar a la evacuación (3). El masaje abdominal que favorece la digestión suele purificar también la piel.

SÍNDROME DE FATIGA CRÓNICA (SFC)

El síndrome de fatiga crónica (SFC) es más que simple cansancio. (A menudo se llama encefalomielitis miálgica o EM.) El agotamiento es sólo uno de los síntomas que pueden incluir confusión mental, sudoración de pies e hipersensibilidad dolorosa a la luz. Una teoría propone que, en estos casos, el sistema inmunológico está alterado y deja la puerta abierta a una serie de infecciones, ya que es frecuente que siga a una infección vírica o a un largo período de sobrecarga de trabajo. Pero otra teoría asocia esta enfermedad con infecciones crónicas por levaduras. En realidad, probablemente tenga varias causas.

Las terapias equilibradoras como la reflexología o la digitopuntura pueden hacer mucho en patologías como ésta, para las cuales la medicina ortodoxa no ha encontrado todavía una solución. Sométase a un tratamiento reflexológico completo o a un masaje en todos los meridianos, puesto que el objetivo es trabajar el sistema entero. Si averigua qué causaba la enfermedad o está causando recaídas, podrá intentar tratar éstas también. Trabajar sobre el meridiano de la vesícula biliar, por ejemplo, ayudará al cuerpo a sobrellevar los efectos de la contaminación.

Reflexología

Para obtener los mejores resultados con el SFC, aplique 10 minutos de reflexología a una mano y un pie del mismo lado del cuerpo, después cambie de lado y trate la otra mano y el otro pie. Si no hay tiempo para trabajar todo el sistema, use las técnicas para el cansancio y cualquier otro síntoma.

Para reforzar el sistema inmunológico, trabaje sobre los sistemas endocrino, linfático y nervioso central, poniendo un énfasis especial en el hígado y en el bazo (1).

Digitopuntura

Las técnicas revitalizadoras anteriores pueden ayudar en lo que se refiere a lo cotidiano, al igual que las técnicas específicas para otros síntomas. Los puntos del «tercer ojo» o «salón decorativo» (entre las cejas) y REN 6 –el «mar de energía»–, debajo del ombligo, pueden servir para aliviar el agotamiento, los mareos y la confusión mental.

Masajeando la espalda al nivel de la cintura desde el lado de la columna hacia los costados (como haría instintivamente si le duele la espalda) se actúa sobre puntos que incluyen V 23 con el fin de obtener efectos similares. El punto PC 6 puede aliviar las náuseas y las palpitaciones cardíacas. Dos buenos puntos para ayudar con la debilidad y los dolores musculares están justo debajo de la rodilla –VB 34 y E 36–; frote en círculos toda esta área si no confía en localizar los puntos exactos.

1

SFC

AGOTAMIENTO

El cansancio es el resultado natural de una larga jornada de trabajo, pero si la fatiga es una constante en su vida es necesario que investigue la causa. Si se trata de simple agotamiento, intente reducir su carga de trabajo, consuma alimentos sanos y dedique tiempo a alguna forma de relajación que le resulte agradable. Si la sobrecarga de trabajo forma ya parte de su vida, necesita dar un paso atrás y reorganizar sus prioridades. Cierto que eso es más fácil decirlo que hacerlo, pero usted acabará por no serle de mucha utilidad a nadie si continúa así.

El síndrome del «cansancio constante» es un curioso estado en el cual se siente uno letárgico a pesar de no haber hecho grandes esfuerzos. Este síndrome puede estar causado por una depresión, por un fallo del tiroides o por diversas patologías, por lo que es necesario consultar al médico de cabecera cuando se padezca. Esta dolencia puede irse instalando gradualmente si su vida no es satisfactoria y tiene sensación de estar atrapado o estancado. Una vez más, los tratamientos sugeridos en este apartado sólo pueden aliviar los síntomas de uno o más problemas que usted necesita afrontar.

Reflexología

Para el desplazamiento de la energía por su cuerpo, trabaje alternativamente en las manos y en los pies en una misma sesión. Quizá descubra que hay muy poca acción refleja en una persona muy cansada. El tejido muscular tal vez esté flácido al tacto, las manos y los pies pueden estar fríos y puede que exista una sensación general de vacío o de agotamiento de energía en partes del pie. Tal vez haya también poca reacción si la persona está tensa además de cansada, en cuyo caso puede que tenga una sensibilidad exagerada.

Si le hace el tratamiento a otra persona, merece la pena que se tome el tiempo de realizar una sesión completa, ya que se necesita poner a tono todo el sistema. Dedique un poco más de tiempo a trabajar sobre cualquier área hipersensible.

Para un rejuvenecimiento más rápido, trabaje sobre el sistema endocrino, después sobre las glándulas suprarrenales (que pueden estar agotadas), el hígado, el timo (1) y la pituitaria. Alejándose de los pies, intente dar golpecitos en el esternón, justo debajo de las clavículas, para estimular la glándula timo (2).

Digitopuntura

Trabaje el punto R 1 en la planta del pie, el «manantial burbujeante». El punto E 36, justo debajo de la rodilla, tiene mucha energía y también es útil el B 21. Para recuperar parte de la vitalidad y una sensación de equilibrio cuando la fatiga se imponga, siéntese con los pies planos en el suelo, apoyando una palma en la región lumbar para cubrir el punto DU 4 y la otra palma debajo del ombligo para cubrir el REN 4. Imagine que expulsa la fatiga al espirar e inspira una luz dorada que difunde energía por todo su cuerpo.

INSOMNIO

Como suele ocurrir, las terapias energéticas funcionan mejor en combinación con cambios en el estilo de vida. Intente vaciar su mente de preocupaciones antes de acostarse. Escuche una cinta de relajación o música tranquila. Establezca una rutina tranquilizadora cada noche, como un baño caliente de aromaterapia, una infusión de manzanilla, prepararse la ropa para el día siguiente o un ejercicio de relajación. Si no puede dormir, levántese y lea en otra habitación hasta que le entre sueño. En todo caso, asegúrese de que el tema de lectura no sea perturbador.

Reflexología

Trabaje primero en el cerebro y en el sistema nervioso central, luego en toda la columna para aliviar la tensión subyacente que altera el sueño con frecuencia. A continuación, trabaje en la glándula pineal (1), que ayuda a equilibrar los biorritmos, sobre todo si el problema está causado por el desfase horario después de un vuelo transoceánico (*jet lag*). Trabaje sobre la glándula pituitaria para regular las hormonas y sobre las glándulas suprarrenales, el plexo solar y el diafragma para reducir el estrés.

Digitopuntura

El tratamiento depende de la causa de la falta de sueño. Si es lo que la medicina tradicional china consideraría un órgano hiperactivo o una retención del Qi, quizá necesite trabajar en abrir el canal con un masaje en el meridiano. Si la hiperactividad es habitual en usted, podría ser la vesícula biliar, o el hígado si ha estado comiendo demasiados alimentos grasos. Si domina la sobreexcitación, trabaje sobre el meridiano de corazón y utilice el punto C 7 (2). Si su corazón está abrumado de preocupaciones, hablar con alguien de confianza quizá ayude también.

Como ayuda en general con el sueño, masajee el punto del «tercer ojo» (2); frote las partes interiores y exteriores de los talones, para trabajar en los puntos R 6, conocido también como «ojos cercanos», y V 62, «sueño reposado» (3). Sorprendentemente, el punto R 6 (en el lado opuesto del talón que V 62) también puede tener el efecto contrario y ayudar a mantener los ojos abiertos cuando le domine el cansancio.

TOS, RESFRIADOS Y PROBLEMAS EN EL PECHO

Una de las mejores maneras de evitar las infecciones es, lo crea o no, lavarse las manos con más frecuencia, incluyendo cada vez que llegue a su casa. Verdaderamente reduce la cantidad de gérmenes que llegan a su cara y de ahí a sus pulmones. Un gramo más o menos de vitamina C al día puede frenar un resfriado, o al menos suavizarlo, si la toma en cuanto note los primeros indicios de síntomas, aunque una dosis demasiado elevada puede provocar diarrea en algunas ocasiones.

Siempre es buena idea beber mucha agua después de someterse a una sesión de reflexología. Tanto más si tiene un resfriado o una infección en el pecho, porque estará perdiendo mucho líquido: algunos de los síntomas molestos son signos de deshidratación. Además, el agua añadida estimula a los riñones a expulsar todas las toxinas.

Reflexología

Trabaje deliberada y concienzudamente por toda el área del pulmón, comprobando si hay durezas. Para aliviar el dolor de garganta, trabaje con el dedo la parte delantera y los lados del dedo gordo del pie, debajo de la uña, el área de la garganta (1). No olvide el punto reflejo del timo, para ayudar a resecar las mucosidades. Para trabajar los nódulos linfáticos de la garganta y el cuello, masajee con movimientos circulares entre y debajo de los dedos. Frotando suavemente los lados de los dedos de los pies en sentido descendente (2) se estimula el drenaje de los senos nasales. Después arrastre suavemente el dedo índice desde la base de cada dedo del pie hasta el área del pecho. Si trabaja en la mano, «ordeñe» el área de debajo de los dedos a fin de drenar los nódulos linfáticos (3).

Los problemas en el pecho pueden surgir si el cuerpo no consigue expulsar las toxinas por las vías normales, el riñón y los intestinos, por lo que hay que trabajar también en el abdomen y en el aparato genitourinario. En el pie izquierdo, trabaje algo más sobre el bazo para estimular el sistema inmunológico. Trabaje sobre el punto reflejo de la válvula ileocecal con el fin de regular la secreción de mucosidades.

Digitopuntura

Para la tos y los resfriados, trabaje en el punto R 27 (4). Masajee con aceite la parte superior de la espalda, por el lado de la columna, desde el punto V 11 hasta el 13. En caso de bronquitis o enfisema, administre un masaje estimulante al punto P 1 de la parte superior del pecho.

1

2

3

4

**TOS, RESFRIADOS
Y PROBLEMAS EN EL PECHO**

1

2

3

CORAZÓN

Dejar de fumar es lo mejor que puede hacer por su corazón, así que intente encontrar otra actividad en la que pueda invertir el dinero que se ahorre. Los suplementos dietéticos han demostrado tener efectos inesperadamente intensos sobre las cardiopatías: los principales son 1-2 g de vitamina C, 100-400 UI (o 100-400 mg) de vitamina E natural (d-alfa-tocoferol, no dl-alfa-tocoferol) y un suplemento del complejo vitamínico B al día; elija uno que contenga unos 400 mcg de ácido fólico. El estrés es casi tan perjudicial para el corazón como el tabaquismo, por lo que debe

convertir en una prioridad su reducción. La meditación
y los ejercicios de respiración también pueden ayudarle.

Reflexología

Para reforzar el corazón, es preferible realizar una sesión
completa de reflexología, puesto que es necesario desviar
energía de la superficie para reforzar el corazón. En una sesión
más corta, trabaje sobre el aparato respiratorio, además del
cardíaco (1, 2), para mejorar la aportación de oxígeno.

Advertencia: Si existe algún peligro de trombosis, no recurra
a la reflexología. Se sabe que estimula la circulación y no puede
usted arriesgarse a desplazar un coágulo sanguíneo. Consulte
con su médico de cabecera, ya que en algunos casos sería más
seguro trabajar muy suave y lentamente, pero asegúrese de que
su médico conoce los efectos de la reflexología.

Digitopuntura

Para calmar el corazón, frote lenta y suavemente el centro del
pecho alrededor del punto del corazón REN 17 (3) con la palma
de la mano, mientras espira y permite que su mente y sus
hombros se relajen. Los problemas cardíacos pueden aliviarse
también trabajando sobre los meridianos de corazón y del
intestino delgado.

VARICES

Permanecer en pie mucho tiempo hace que la sangre se acumule
en las piernas, de modo que si va a estar de pie, muévase todo lo
posible. Si pasa mucho tiempo en posición sedente, no cruce las
piernas. Vaya haciendo rotar los tobillos y agitando los dedos de
los pies para estimular la circulación.

Reflexología

Trabaje sobre el aparato excretor, ya que este estado se puede
agravar con estreñimiento. Añada el corazón (puesto que es
un problema circulatorio), las glándulas suprarrenales, el
diafragma y el plexo solar, y el brazo y el hombro para obtener
una acción de reflejo cruzado. Y, naturalmente, trabaje la parte
baja de las piernas: el reborde exterior del pie entre el punto
de la rodilla, debajo de la prominencia, hacia el talón (1).

Digitopuntura

Trabaje sobre B 9 de la otra pierna. Si hay varices en ambas
piernas, ejerza una mínima presión sobre este punto. Trabaje
sobre los puntos que ayudan al corazón para reforzar el sistema
circulatorio.

1

VARICES

HIPERTENSIÓN (TENSIÓN ARTERIAL ALTA)

La meditación tiene efectos tan beneficiosos sobre la tensión arterial que algunos médicos recetan un curso completo. Reducir el consumo de sal también supone una gran diferencia: la mayor parte de la sal está oculta en los alimentos procesados, por lo que consumiendo más fruta y hortalizas frescas se reduce de forma natural la ingestión de sal.

Reflexología

Trabaje sobre el diafragma, las vértebras cervicales, las glándulas suprarrenales (1), el estómago y la vesícula biliar. Un tratamiento completo sería especialmente útil.

Digitopuntura

Pellizque alrededor de todo el borde del lóbulo de la oreja y detrás del pabellón auditivo, donde se une a la cabeza, presionando la parte posterior de éste (2). Encuentre el punto H 3 –entre el dedo gordo del pie y el siguiente, sobre el empeine, a dos dedos del final del dedo del pie– y presiónelo para reducir la hipertensión (3). No presione con demasiada fuerza, o la tensión arterial podría descender demasiado.

PROBLEMAS DE LA TERCERA EDAD

Mantener la actividad física, una dieta equilibrada y desarrollar actividades al aire libre son la clave para envejecer con salud. Mientras que los fármacos pueden salvar la vida ante problemas graves que no responden a otros tratamientos, utilizando la reflexología y la digitopuntura para dolencias menores evitará los efectos secundarios y las reacciones alérgicas ocasionados por los fármacos innecesarios. Acuérdese de tratar la piel y las articulaciones deterioradas con delicadeza.

Reflexología

Trabaje sobre el sistema de la cabeza y del cuello para proteger la vista y el oído además de la lucidez. Si empieza a notar signos de problemas como estreñimiento o incontinencia, añada también el aparato genitourinario. Si no tiene tiempo para un tratamiento podal completo, tome la decisión de dedicar un rato a trabajar cada pie por turnos, cubriendo el cuerpo de forma global cada pocas semanas.

Si empieza a oír timbres –acúfenos–, pellizque el punto de la trompa de Eustaquio, que está en la membrana que une los dedos tercero y cuarto de las manos (1) o los pies, si trabaja en éstos.

Para mejorar el equilibrio, y si padece de vértigo, trabaje el punto del equilibrio en la base del cuarto dedo de la mano (2) o del pie, al lado del meñique o del dedo pequeño del pie, utilizando un movimiento de presión de aguja.

Digitopuntura

Caminar distancias relativamente largas conserva los huesos fuertes y estimula el punto R 1, lo que aporta energía. Para mejorar la memoria se pueden presionar o masajear varios puntos de digitopuntura: DU 26, VB 20, REN 17 y el «tercer ojo».

Masajeando el gran punto yang de las sienes, la depresión que hay justo al lado del borde exterior de los ojos, se agudiza la concentración además de ser una manera natural de aliviar la jaqueca. Realice el masaje de los meridianos cada día para mantener todos sus sistemas fuertes y equilibrados.

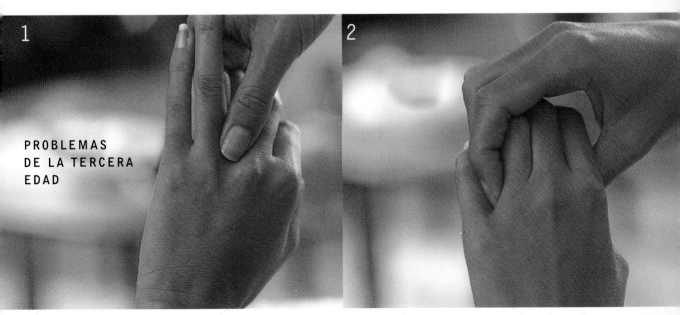

PROBLEMAS DE LA TERCERA EDAD

el ser interior

La reflexología y la digitopuntura son tan beneficiosas para la mente como para el cuerpo. Tendemos a pasar por alto la mente en nuestra ajetreada vida, aunque el estrés es un importante riesgo para la salud. Por eso merece la pena dedicar un poco de tiempo a un tratamiento relajante o revitalizador para que las energías sigan circulando sin obstáculos.

AUMENTAR LA ENERGÍA

No es necesario sufrir agotamiento antes de empezar a trabajar en aumentar los niveles de energía. Después de todo, usted no esperaría hasta desmayarse antes de comer, o a sufrir una enfermedad grave antes de empezar a preocuparse por su salud. Las terapias energéticas se dedican a devolver el equilibrio a toda la persona, así que ¿por qué no utilizarlas para mejorar la salud?

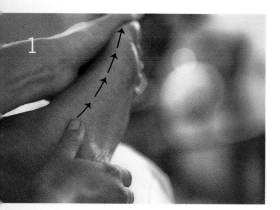

Reflexología

Dedique algún tiempo a las técnicas preparatorias y de relajación. Siga trabajando en el cerebro y en el sistema nervioso central, incluyendo la columna (1), el sistema endocrino, los riñones y el páncreas, además del diafragma y del plexo solar.

Digitopuntura

Para reforzar el sistema inmunológico y aumentar la vitalidad, trabaje sobre el punto B 21, pero suavemente, ya que esta área puede estar muy sensibilizada. Hágalo a menudo, tres o cuatro veces al día para obtener los mejores efectos. Además, trabaje sobre los puntos TR 5 e IG 11, el «gran energetizador» (2).

Cuando le domine el cansancio, frótese las palmas de las manos una contra la otra para activar el punto PC 8 y luego presione con ellas el punto R 1, que está situado en la planta del pie.

ser

2

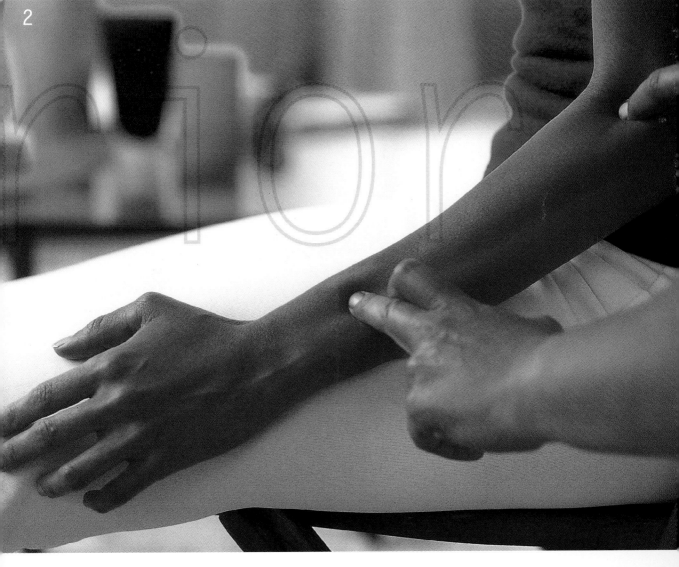

DEPRESIÓN

Es importante no permitir que la depresión se convierta en un hábito. Si persiste la sensación de desaliento, intente identificar y resolver los problemas que le están «robando» la energía. Como quizá tarde un tiempo, asegúrese de seguir viendo a sus amigos, realizando actividades que le gusten y —lo más importante— haciendo algún ejercicio energético al menos tres veces por semana. La psicoterapia también puede ayudar, y el remedio de hierbas de San Juan ha demostrado ser eficaz para aliviar la depresión suave y moderada. En caso necesario, su médico puede recetarle un breve tratamiento con antidepresivos, que a diferencia de los tranquilizantes, no crean adicción, para romper las pautas durante el tiempo suficiente para ayudarle a ponerse en pie de nuevo. No vacile en acudir a su médico de cabecera si nota que está perdiendo la esperanza.

DEPRESIÓN

Reflexología

Empiece con el cerebro y con el sistema nervioso central, luego trabaje sobre los riñones (que se cree que son la sede de las lágrimas reprimidas), las glándulas suprarrenales (1) para combatir el agotamiento, el cuello para relajar la tensión y el plexo solar para aumentar la energía. Trabaje sobre el píloro y la válvula ileocecal para estimular el aparato digestivo, que a menudo se vuelve perezoso en caso de depresión.

Digitopuntura

La tensión corporal y las malas posturas contribuyen a la depresión. Trabaje sobre el meridiano de bazo para «conectarse con la Tierra». La filosofía china relaciona la depresión con pensar demasiado, de modo que concédase un descanso. Frote de arriba abajo las partes carnosas de las pantorrillas, desde la rodilla al tobillo, por las caras internas y externas, para estimular los puntos B 4 a 10 y E 40 (2).

ANSIEDAD Y ESTRÉS

La técnica de respiración descrita al principio del capítulo «Aliviar el dolor» (véase pág. 87) también es útil para tratar la ansiedad. Si usted la padece con frecuencia, encuentre alguna actividad que le reduzca el estrés. Entre las más eficaces están pasear, hacer meditación y ejercicio, relajarse, hablar con amigos y tomar decisiones prácticas para eliminar las causas del estrés.

Reflexología

Después de trabajar el pecho y el abdomen, realice un poco de trabajo adicional sobre el plexo solar y el diafragma para estimular la relajación, y sobre las glándulas suprarrenales para aliviar el estrés. Una valiosa técnica para combatir el estrés es apretar los dedos hasta notar el pulso. Apriete fuerte con el pulgar en la otra mano para reducir la preocupación (1), el índice alivia el miedo; el dedo corazón, la ira, el anular, la tristeza y el meñique le calmará si se ha esforzado demasiado.

Digitopuntura

Trabaje los puntos IG 4 y C 7. Sea consciente de sus posturas cuando viva una situación estresante: la tensión muscular puede encorvar su espalda, lo que desembocará en dolor y en problemas internos. Estire la columna. Realice ejercicios de respiración mientras toca el «mar de energía» REN 6 (2), a dos dedos por debajo del ombligo, para reducir la energía, o mientras masajea suavemente el punto REN 17 (2). Cuando le dominen las preocupaciones, frótese el estómago en la dirección de las manecillas del reloj y en sentido contrario, o haga que le masajeen el límite interior de la paletilla (3).

ANSIEDAD Y ESTRÉS

mujeres

Los problemas que las mujeres son propensas a sufrir no suelen responder al tratamiento médico ortodoxo. Sin embargo, los síntomas asociados con frecuencia con la menstruación, el parto y la menopausia pueden aliviarse muchas veces mediante reflexología y digitopuntura.

DOLOR DE SENOS Y BULTOS

Alrededor del 20 por ciento de las mujeres comprueban que sus senos les duelen y presentan bultos antes de la menstruación. (Si usted nota alguna vez un bulto que no desaparece, consulte a su médico cuanto antes.) Dejar la cafeína alivia a menudo esta molestia. La esencia de vellorita ha demostrado ayudar a muchas mujeres; la dosis recomendada habitualmente es de 6 a 8 cápsulas de 500 mg al día. No obstante, hay que insistir; los efectos quizá tarden hasta 3 meses en ser visibles. Hasta 100 mg al día de vitamina B6 han demostrado también ser beneficiosos (la dosis diaria recomendada actualmente para los suplementos es de 2 mg al día).

Advertencia: La esencia de vellorita está contraindicada en caso de epilepsia.

Reflexología

Trabaje todo el sistema linfático, dedicando especial atención a los puntos reflejos de las glándulas linfáticas que se encuentran en las axilas (1), especialmente la izquierda, que realiza la mayor parte del trabajo. Frote suavemente de arriba abajo el área de los senos en el empeine del pie (2), cubriendo un par de centímetros desde la base de los dedos de los pies.

Como alternativa, masajee el área de los senos de la mano, que se localiza entre el pulgar y el índice (3)

Digitopuntura

Como ayuda en problemas como la mastitis, los senos hinchados o la retención de líquidos, masajee el meridiano del triple calentador descendiendo (abrir), dando golpecitos a lo largo de su recorrido desde la punta del dedo anular, ya que este meridiano equilibra el nivel de fluidos entre el riñón y el corazón (o, en terminología de la medicina ortodoxa, estimula el sistema linfático).

SÍNDROME PREMENSTRUAL (SPM)

La alimentación puede ocasionar más problemas hormonales de lo que habitualmente se cree. Para aliviar los cambios de humor y la tensión, intente consumir más alimentos ricos en vitamina B6, como pescado, hígado, tocino, extracto de levadura —Marmite es una buena fuente—, puré de tomate y plátano, y magnesio, que se encuentra en el muesli, las gachas de avena, los frutos secos y la leche desnatada en polvo. El pan integral, la harina de soja y los frutos secos contienen mucho de ambos. Coma poco y a menudo antes de tener el periodo y elimine los alimentos grasos de su dieta para mantener los niveles hormonales lo más estables posible.

Reflexología

Empiece con el sistema linfático (1) y el aparato reproductor completos, incluyendo las trompas de Falopio (2), siguiendo por el sistema endocrino para garantizar la actividad hormonal normal. En concreto, ejerza una presión de aguja sobre la glándula pituitaria (3), en el centro de la yema del pulgar o del pulpejo del dedo gordo del pie. A continuación trabaje el aparato excretor, dedicando especial atención a los riñones a fin de combatir la retención de líquidos, y el colon si tiene tendencia al estreñimiento. Si el SPM le causa jaquecas, añada la cabeza y el cerebro. Trabajar en el plexo solar contribuye a la relajación.

La autoayuda tiene un valor incalculable cuando se tiene el SPM; trabajar sobre las manos es calmante y puede hacerse a cualquier hora del día. Trabaje el útero por debajo del pulgar, justo por encima del abultamiento del hueso, los ovarios por debajo de los dedos meñiques, y las trompas de Falopio cruzando el dorso de la muñeca.

Digitopuntura

Masajee el meridiano de bazo y el punto E 29.

SPM

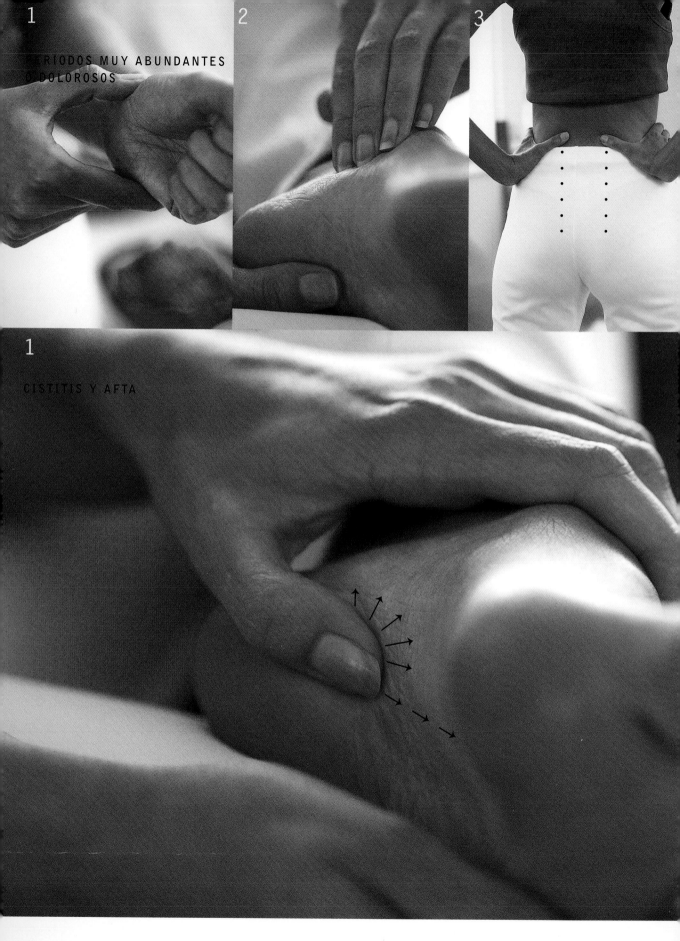

1

PERIODOS MUY ABUNDANTES
O DOLOROSOS

2

3

1

CISTITIS Y AFTA

PERIODOS MUY ABUNDANTES O DOLOROSOS

Si sus periodos son muy abundantes, asegúrese de estar incluyendo suficiente hierro en su dieta para reemplazar el que pierde. Pero no tome suplementos a menos que se los recete su médico de cabecera. Beba zumo de naranja con las comidas para ayudarle a absorber el hierro de los alimentos y espere varias horas antes de beber leche, ya que el calcio y el hierro compiten entre sí. Otros alimentos ricos en hierro incluyen vísceras, como hígado y riñones, orejones de albaricoque, cacao, sardinas y cereales enriquecidos para el desayuno.

Reflexología

Los periodos muy abundantes y dolorosos se tratan mejor con una sesión completa de reflexología, debido a que el aparato reproductor no se encuentra en un puesto privilegiado en la lista de prioridades del cuerpo en cuanto a energía y se beneficiará de tonificar todo el organismo. Como alternativa –o bien tras completar el tratamiento general–, trabaje en el sistema endocrino y en el aparato reproductor, y luego dedique especial atención al útero (1), a los ovarios, a la pituitaria y a la columna, incluyendo la región lumbar (2). Trabaje también sobre los riñones y el uréter para eliminar el estrés de otros órganos de esta área.

Digitopuntura

Trabaje sobre los puntos de la región lumbar, como de V 23 a 29 (3): apoye las manos en la cintura, presionando con los pulgares los músculos largos de al lado de la columna, empezando a la altura de la cintura y descendiendo hasta las caderas. Para conseguir un efecto adicional, haga rotar las caderas mientras presiona. Además, apoye el dorso de las manos sobre la región lumbar para conectar el meridiano de vejiga urinaria con el punto IG 4, calmando y abriendo la circulación en esa área. Calentar la rabadilla puede evitar el dolor: use una bolsa de agua caliente si le resulta cómodo. Para los periodos abundantes, frótese los senos para hacer subir la energía y estimular la hormona prolactina. Tumbarse sobre pelotas de malabarista para masajearse la espalda (véase pág. 77) es una bendición para el dolor lumbar. Frotando los puntos B 12 y B13, en el pliegue de la ingle al final de la cara delantera del muslo, puede aliviar los dolores menstruales. Y el punto REN 6, debajo del ombligo, regula la menstruación y alivia los calambres.

CISTITIS Y AFTA

El flujo denso de afta y el dolor al orinar provocados por la cistitis son molestias comunes que aumentan con todo lo que irrita la vulva y la vagina. Si es usted propensa a estos problemas, lávese con agua templada, no use jabones fuertes ni tome baños de burbujas y no utilice nunca desodorantes vaginales o irrigadores, que pueden perjudicar al aparato más sano. Evite las condiciones cálidas y húmedas que crean los baños calientes, la ropa interior acrílica, las mallas y los pantalones ajustados.

Si contrae una cistitis, beba grandes cantidades de zumo de arándanos sin edulcorar o, si consigue acostumbrarse, una infusión de tallos de cereza; como alternativa beba mucha agua sólo para diluir el escozor al orinar. Consulte a su médico de cabecera si la cistitis dura más de tres días, ya que puede desembocar en una infección renal grave.

Reflexología

Trabaje todo el aparato genitourinario y luego concéntrese en los riñones, la vejiga, el uréter (1), la vagina y la uretra. Trabaje también en las glándulas suprarrenales, el abdomen y la región lumbar, así como en las partes bajas del sistema linfático para combatir la infección.

Digitopuntura

Trabaje sobre el punto E 29. Un punto general para todo lo relacionado con los problemas femeninos es el B 6.

Advertencia: El punto B 6 está contraindicado durante el embarazo.

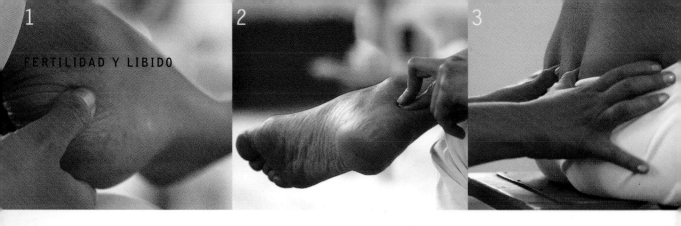

FERTILIDAD Y LIBIDO

Nuestros apetitos sexuales crecen y menguan de una manera muy natural y todos pasamos por épocas en las que nos interesan más otras actividades. El estrés, el agotamiento, la depresión y los conflictos son también causas comunes de pérdida de la libido.

Reflexología

Trabaje sobre el aparato reproductor y el sistema endocrino completos, y luego concéntrese en los puntos reflejos de los órganos sexuales: los ovarios (1), el útero y las trompas de Falopio.

Digitopuntura

Trabaje sobre el punto R 3 (2). Estimule la espalda y el área de las glándulas suprarrenales V 23 y de V 27 a V 29 y de V 31 a V 33 (3). Masajee el punto REN 6, justo por debajo del ombligo, para aumentar la fertilidad. Masajéese la espalda tumbándose sobre pelotas blandas, encajadas justo al lado de la columna.

EMBARAZO

Estos sencillos remedios son ideales para que su pareja aprenda a ayudarle durante el embarazo y el parto.

Advertencia: No use la reflexología durante las primeras 16 semanas de embarazo por si los cambios en el flujo de la energía desencadenan un aborto, sobre todo en un primer embarazo o si había tenido antes alguna pérdida.

Reflexología

Si el aborto es un riesgo bajo, puede trabajar ligeramente sobre usted misma durante las primeras etapas del embarazo. Los mareos matinales pueden tratarse como otros tipos de mareo: empiece trabajando todo el aparato digestivo, concentrándose en el esófago para aliviar las náuseas (1), utilice la reflexología manual si se lo hace a usted misma para no tener que encoger el estómago mientras se trabaja los pies. Vuelva a los puntos del plexo solar y de la glándula pituitaria, rotando el pulgar sobre ellos. Camine con el pulgar de través por el diafragma y el centro y la parte superior de la columna, y trabaje en franjas por encima del área del estómago. Como

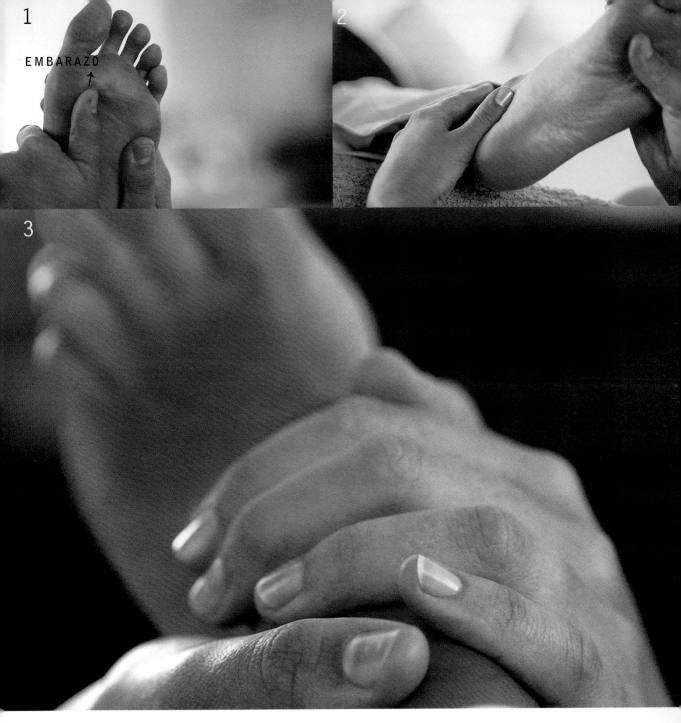

1

EMBARAZO

2

3

los mareos matinales están debidos a los cambios hormonales del embarazo, incluya el sistema endocrino para ayudar a equilibrar las hormonas.

A medida que avanza el embarazo, la reflexología es un regalo para aliviar el dolor de las piernas y de la espalda (2): trabaje sobre el aparato reproductor y el sistema musculoesquelético. Un suave masaje podal es muy calmante y adecuado para las últimas etapas del embarazo (3).

Digitopuntura

El punto PC 6 es un remedio fiable para los mareos matinales. Frotando arriba y abajo el meridiano de la concepción por debajo del ombligo ayuda a mantener un embarazo si había dificultades para concebir.

Advertencia: No trabaje demasiado sobre el útero y la glándula pituitaria hasta los últimos días del embarazo. El punto B 6 está contraindicado durante toda la gestación.

PARTO

Intente tener organizado con mucha antelación su plan para el parto, por si el bebé llega antes de lo esperado. Además, intente garantizar que el personal que la atenderá es receptivo a sus deseos: por ejemplo, si no quiere intervenciones quirúrgicas de rutina.

Reflexología

Los estudios han demostrado que las mujeres que se someten a reflexología durante el embarazo tienen un parto más corto y cómodo. Durante el parto, trate los reflejos del centro y la parte baja de la espalda (1) y concéntrese en administrar un masaje podal relajante con muchas pasadas largas y uniformes, muy superficiales.

La reflexología en particular es beneficiosa al prepararse para dar a luz. Durante las dos últimas semanas de embarazo, trabaje sobre todo el aparato reproductor y dedique especial atención a los senos y a las glándulas suprarrenales. Si sale de cuentas, trabaje sobre el útero, el «ayudante crónico» (2) por detrás del tendón de Aquiles, y la pituitaria para estimular el inicio del parto.

Después del parto, trabaje sobre el sistema endocrino y el aparato reproductor, junto con las glándulas suprarrenales. Siga con una serie de tratamientos para normalizar los niveles hormonales y ayudar a que los músculos recuperen su buena forma. Trabajando sobre el sistema endocrino se estimula la lactancia. La reflexología también puede ayudar al cuerpo a recuperarse después de una cesárea.

Intente administrar tratamientos completos siempre que sea posible. Además de los beneficios curativos de la reflexología, cualquier tipo de atención afectiva a una madre reciente ayuda a prevenir la depresión postparto y le da una oportunidad de establecer lazos con el bebé sin tensiones.

La depresión postparto puede responder bien al trabajo sobre el sistema endocrino y el aparato reproductor, las glándulas suprarrenales y, para facilitar la relajación, el diafragma (3) y el plexo solar.

Digitopuntura

Para evitar un parto prematuro, trabaje sobre el punto R 3 mientras tensa el suelo pélvico. Durante el parto, masajee los puntos V 27 al lado del sacro y B 6 y B9 (4) de la cara interior de las rodillas entre las contracciones. El punto B 6 puede acelerar el alumbramiento. La digitopuntura electrónica ha demostrado aliviar el dolor de parto. Para que la producción de leche sea adecuada, masajee el punto E 29, todo el meridiano del triple calentador y el punto del corazón REN17.

MENOPAUSIA

Éste puede ser un tiempo de cambio liberador y regocijante. Algunas mujeres descubren que incluso los sofocos –o «subidas de energía»– les despejan la mente. Ingerir productos biológicos derivados de la soja puede ayudar a mantener las hormonas en equilibrio y a reducir cualquier molestia.

Reflexología

Éste es otro tiempo en el que un tratamiento completo obra prodigios, tanto por los beneficios que proporciona a todos los sistemas y aparatos corporales como por los efectos relajantes de un masaje podal completo, si busca tiempo para usted misma. Trabaje sobre el aparato reproductor y el sistema endocrino, incluyendo el tiroides (1), para ayudarse a usted o a una amiga durante este período. Después, preste atención al útero (2), el «ayudante crónico», los ovarios, el hígado y las partes excretoras de los aparatos digestivo y genitourinario para evitar el estreñimiento.

Digitopuntura

Para los sofocos, trabaje sobre los puntos B 6, H 3 y PC 6. Si no sirve de nada, la acupuntura quizá ayude. Acuérdese de hacer ejercicio; bailar es excelente y dar pisotones ayuda a reforzar los huesos, reduciendo el peligro de osteoporosis. Si tiene un rodillo podal de madera, úselo para masajearse los pies.

Trabaje sobre el punto B 6, a cuatro dedos del hueso del tobillo subiendo por la cara interna de la pierna, empezando en la zona carnosa de detrás del hueso del tobillo. Trabaje sobre el punto R 1 (3) mientras hace rotar el tobillo. Caminar estimula el punto R 1 además de ser una forma de ejercicio excelente, todo lo cual hace un paseo diario especialmente beneficioso en esta época de la vida. Hacer rotar el tobillo mientras aprieta el punto R 1 de la palma de la mano proporciona energía al cuerpo.

4

1
MENOPAUSIA

2

3

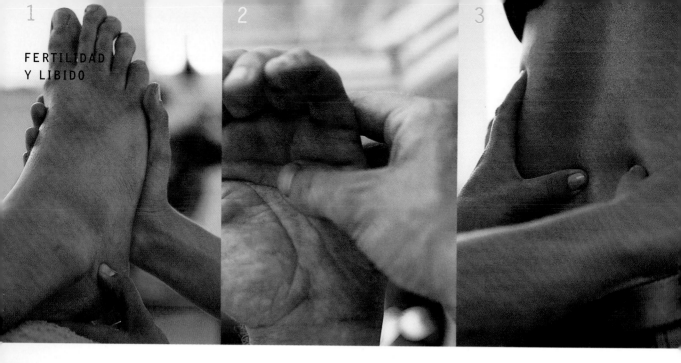

hombres

La fertilidad en los hombres y en las mujeres ha descendido
de una manera alarmante en las últimas décadas. El estrés,
la sobrecarga de trabajo, el tabaquismo y la contaminación
química quizá sean los responsables, así como los «sabotajes»
a nuestra salud en general.

FERTILIDAD Y LIBIDO

La tensión y la ansiedad están detrás de muchos problemas en
este ámbito, por lo que debe encontrar tiempo suficiente para
relajarse y divertirse. El ejercicio y una dieta equilibrada con
mucha fruta y hortalizas fresca ayuda al cuerpo a funcionar a su
capacidad plena. También reducen el sobrepeso. El esperma se
multiplica en un entorno fresco, así que evite los pantalones
ceñidos y los baños muy calientes.

Reflexología

Como en las mujeres, trabaje sobre el aparato reproductor
y el sistema endocrino completos y luego concéntrese en los
puntos reflejos de los órganos sexuales: testículos (1), próstata
y conductos deferentes. Incluya el diafragma (2) y el plexo solar
para reducir la tensión contraproducente.

Digitopuntura

Trabaje el punto R 3. Estimule la espalda y el área de las glándulas
suprarrenales V 23 (3), 27 a 29 y 31 a 33. Utilice pelotas blandas
para masajear la rabadilla (véase pág. 77), trabajando sobre los
puntos que aumentan la energía sexual, incluyendo el V 23.

Trabaje sobre el punto H 8, localizado en la cara interior de las
rodillas. El punto B 6 puede aumentar la libido. Presionando el

punto REN 6, el «mar de energía», situado debajo del ombligo, durante unos segundos se ayuda a contrarrestar la impotencia y la baja fertilidad.

PROTECCIÓN DE LA PRÓSTATA

Los trastornos de próstata son comunes a medida que los hombres envejecen, aunque la mayoría son más una molestia que un peligro serio para la salud. Suprimir los alimentos grasos y beber mucha agua durante el día puede ayudar; así también se reduce la probabilidad de estreñimiento, que agrava los problemas de próstata.

Reflexología

Trabaje sobre el sistema endocrino y los aparatos genitourinario y reproductor (1) y luego por la parte baja de la columna y el «ayudante crónico» del tendón de Aquiles.

Digitopuntura

Masajear el lado de la columna de cintura para abajo alivia muchos problemas masculinos, especialmente en la vejez.

ANDROPAUSIA

Los problemas en esta época de la vida a menudo tienen una base psicológica, en especial si los hombres se han quedado desfasados en el trabajo (o tienen esa sensación). Pero hay pruebas de que cambiar los niveles hormonales puede ser positivo, como ocurre en las mujeres.

Reflexología

Trabaje sobre el sistema endocrino y el aparato reproductor, incluyendo el conducto deferente (1), para equilibrar los niveles hormonales, junto con la región lumbar. Añada el diafragma y el plexo solar para reducir el estrés, los órganos excretores y el aparato genitourinario incluyendo la vejiga (2), el hígado y el «ayudante crónico».

Digitopuntura

B 6 es un valioso punto de energía cuando los hombres se sienten bajos de libido o de vitalidad. Trabaje sobre el punto H 8, frotando la cara interior de la rodilla. Para aliviar las preocupaciones sobre la disminución de la testosterona, trabaje sobre E 36, un buen punto para equilibrar las hormonas y obtener energía. Para frenar la caída del cabello, estimule el cuero cabelludo con un suave masaje capilar, sin tirar de las raíces, y trabaje sobre el meridiano de hígado.

Las lesiones de rodilla son comunes: utilice el tratamiento de digitopuntura para el dolor de rodilla a fin de liberar el exceso de energía bloqueado en esta área. Frotando el interior de la rodilla, un área yin que incluye el punto H 8, se estimula el flujo de energía yin calmante, equilibrando el exceso de energía yang de los hombres agresivos y estresados.

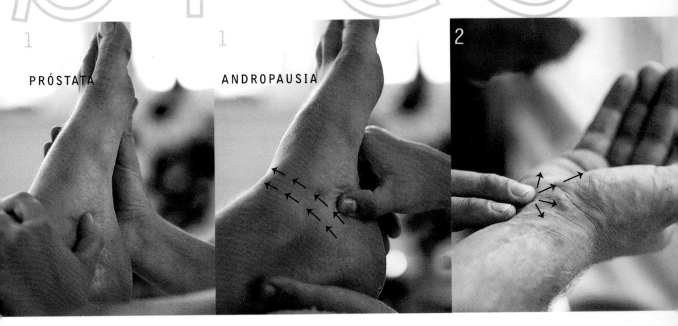

PRÓSTATA   ANDROPAUSIA

glosario

CHAKRAS Centros de energía, tomados de la palabra sánscrita que significa «rueda». Hay siete chakras en el cuerpo: corona, tercer ojo, garganta, corazón, plexo solar, sacro y raíz, que se corresponden aproximadamente con la parte del cuerpo en la que están situados.

FELDENKRAIS Proceso para mejorar la conciencia corporal con movimientos suaves que no cansan. Puede ayudar a aliviar el estrés, además de mejorar la postura general y aliviar el dolor crónico.

HOMEOSTASIS Mecanismo de autocuración del cuerpo que procura rectificar los problemas de salud y equilibrar el organismo. Si este mecanismo no funciona bien, puede sufrir disfunciones y posibles enfermedades.

MERIDIANOS El Qi circula por el cuerpo por vías llamadas meridianos. Hay 14 meridianos principales, doce de ellos conectados cada uno a un órgano o víscera internos y con un gran efecto en ellos. Los otros dos son el meridiano gobernador, que recorre la columna y termina en la coronilla, y el meridiano de la concepción, que asciende por el centro de la parte delantera del cuerpo.

MOXIBUSTIÓN Procedente de la palabra japonesa «mocusa», que significa hierba ardiente, la moxibustión consiste en estimular los puntos de presión con calor.

PLACEBO Medicación o tratamiento recetado por motivos psicológicos pero sin efectos físicos. Se usa placebo como control en los estudios científicos.

QI Según la teoría médica oriental, la energía Qi es transportada a todas las zonas del cuerpo a través de los canales de los meridianos.

TÉCNICA DE ALEXANDER Proceso de reeducación que pretende enseñarnos a redescubrir nuestra postura natural y a utilizar nuestro cuerpo con más eficacia. Puede ayudar a aliviar los estados relacionados con el estrés, los trastornos respiratorios y los dolores de cuello y articulaciones.

TRIPLE CALENTADOR Término chino tradicional empleado para describir las tres cavidades del cuerpo que comprenden el pecho, el abdomen y el bajo vientre.

YANG El principio masculino de la filosofía china, que representa la positividad, la actividad, el calor, la luz, el vigor, el día y el verano.

YIN El principio femenino de la filosofía, que representa la negatividad, la pasividad, la frialdad, la oscuridad, la inmovilidad, la noche y el invierno.

índice de términos

agradecimientos

El editor desea agradecer a las siguientes personas y organizaciones su colaboración en darnos el permiso para reproducir sus fotografías en este libro:

Bridgeman Art Library, London, New York: Freud Museum (Londres, RU), p.22/Museo Nacional de la India (Nueva Delhi, la India), p. 18.
Corbis UK Ltd.: Dean Conger, p. 20/Owen Franken, p. 21.
E.T. Archive: pp. 13 y 19.
London Library: Golden Mirror, p. 11 ab/Ling Shu Su Wen Chie, p. 11 a.
Octopus Publishing Group Ltd.: Ian Wallace (cubierta).

1, 2, i, 3 i y d, 4 ai, ad, ab, 8-9, 9ai y abd, 16-17, 17ad y abd, 24-25, 25 ad y abd, 26-33, 33 ad, 34-35, 36 abi, abi y abd, 37 abi y abd, 38 a, 39 a, 40-45, 47 a y ab, 48-63, 63 a, 64, 65 i y d, 66-69, 70 abi y abd, 72 , 73 a, abi y abd, 74 a y ab, 75 i y d, 76 i y d, 77-83, 84 ai, ad y ab, 85-88, 89 i y d, 90-112, 113 a y ab, 114-115, 116 a y ab, 118-120, 121 a y ab, 122, 123 abi, abc y abd.

Fotografías de Paolo Scremin: © Oxford Expedition to Egypt, p. 23.
Wellcome Institute Library (London), p. 15.
Werner Forman Archive: Haipong Museum (Vietnam), p. 12.

Reflexología y digitopuntura

Título original: *Reflexology and Acupressure*

Primera edición: enero 2002

Copyright © Octopus Publishing Group Limited 1999, 2001

Mens Sana es una marca registrada de Parramón Ediciones, S. A.

Copyright © para la edición española Parramón Ediciones, S. A., 2002
Gran Via de les Corts Catalanes, 322-324
08004 Barcelona, España

Traducción: Victor Lorenzo

ISBN: 84-342-3026-7

Impreso en China